富士山是日本的一個標幟

平成（明仁）天皇在身為皇太子時期，與平民正田美智子戀愛結婚。在宮內賢所舉行婚禮後，並特乘無蓬馬車至皇宮周圍市街繞行，接受市民祝賀。

總理大臣　桂太郎

總理大臣　田中義一

總理大臣　近衛文磨

總理大臣　吉田茂

總理大臣　佐藤榮作

總理大臣　宮澤喜一

戰後重建的東京都

古色古香的京都（二次大戰中未受美機轟炸）

三千名兒童的小提琴合奏

（才能教育全國中演奏情景）

日本這個國家

章陸　著

三民叢刊 62

三民書局印行

序言

章陸

中、日兩國曾有過長期間敵對狀態，和兩次戰爭的慘痛經歷。如今雙方雖然已能尚稱和諧相處，而這一局面是否能持續於未來，則是猶待考驗的一個問題。

按國與國之間，要想保持和諧相處之道，實以彼此經常促進認識加強理解，最為重要而有效。本書的寫作內容，便是基於此一理念，根據今昔史實，敍述日本風土習俗、民族性格、文化源流、天皇制度、政壇人物、社會現象等等，從而列舉其戰前、戰後所作所為的比較與互為因果的事例，以期能向國人提供認識日本的一些參考資料。

戰後日本各界有識之士有一共識，彼等恆稱：「日本是漢字文化圈內成長的一員」；「日本是東西方文化的銜接點」。此項論調乃是充分表達出了日本接受中國文化立國的詮釋，也同時指出了中、日兩國以文化相結合的關係根基所在。本書內有多處強調中國傳統文化精華古籍深植於日本社會的影響力與作用，即係著眼於此點。因為若從這個角度去認識日本事物問題表裏，則可擴展視野與體會，由探索過去，剖析現在，預測未來中，獲致適當的評估。

現在全世界都在矚目經濟大國——日本的一舉一動，許多國家亦均有專從事於日本研究的學者專家陣容，特別是以美國為最盛，且對此項研究倡之為「日本學」(Japanology)。有關此一情況，本書內曾列有專章「『日本學』的興起」，予以詳加介紹。美國的日本學專家們也出版了大量的專著，並經譯為各國文字，風行全球。從那大量的專著內容來看，其所訂出的研究範圍相當廣濶，幾乎凡是日本的一切，都作為研究對象。我相信閱讀此類專著越多，亦越能有助益於認識日本整體的眞貌。

本書得蒙三民書局印行問世，謹在此致最大的謝忱。

民國八十二年五月二日　誌於臺北

目次

四、終戰後的天皇

五、總理大臣羣像

一、島國素描

國名中少了「大」、「帝」兩字

日本這個國家，對中國人來說，可算是最熟悉上口的一個外國國名了。原因很簡單：第一，它是一衣帶水的近鄰，雙方的往來關係有悠久歷史；再加上中國在近百餘年來備受世界列強侵略迫害，而以吃軍國主義日本的苦頭最多、最大亦爲期最長，幾乎是人人都直接間接或多或少地受到過影響，而發生個人生活上的遭遇，所以只要一提及日本，就眞成了中國人的口頭禪「無人不知，無人不曉」的了。不過，中國人雖然一向慣於對日本國名的稱呼，卻可能會忽略了它的正式國名全名，在戰前和戰後所起的變遷。戰前的日本是自稱爲「大日本帝國」的，戰後則改稱爲「日本國」，少了「大」和「帝」兩個字。這兩字的有與無，實具有非常重要意義，能充分顯映出今昔日本大不相同的國家形象。

「大日本帝國」完全是一種炫耀矜誇姿態，恰如那個軍國主義時期所表露的對外貪婪擴張政策；等到去掉了「大」和「帝」的「日本國」一出現，便立卽含有化以往虛驕之氣轉爲收斂平實的格調，也正好像它在新憲法序文中的誓言一樣，趨向重樹國際信譽，追求政治道德與永恆和平的理想目標，且於新憲法第九條明定放棄戰爭與軍備及否認交戰權，更讓全世界對其刮目相看。

另一方面，日本朝野也很用心地力避使用「大」字和日本相關聯的形容辭句，像來自國際間的「經濟大國」譽稱，則屢以自謂為「資源小國」，而不具備大國條件對應；曾因貿易瓜葛遭歐洲共同體國家譏笑日本人住屋為「兎子小窩」的成語，反而常由各界人士用作「根本沒有經濟大國實感」的憑證，在傳播媒體中構成為大眾輿論。至於帶有「帝國」字眼的稱謂，那更是儘量予以消除：「帝國議會」在新憲法下，不消說早已搖身一變而為「國會」；其設於東京、京都、仙臺、福岡等地的國立「帝國大學」，亦均改以各所在地的地名代替了原有校名；「帝國圖書館」改稱了「國會圖書館」；「帝國學士院」易名為「日本學士院」，目前依舊殘存著「帝國」字樣的，恐怕只剩下東京的「帝國大飯店」和「帝國劇場」了。

相傳日本國名來源係於七世紀初期當聖德太子掌政時，曾派遣小野妹子為訪問當時中國隋朝的親善特使，在其遞呈隋朝皇帝的國書中，自稱為東方日出處之國。其後，即根據此一緣由而以漢字「日本」二字表示國名，並照中國的漢字讀音發音為「尼洪」或「尼翻」。今天在國際間通用的日本之英文國名「JAPAN」一詞，依日本出版介紹日本指南一類書刊所載，其出處有兩說，亦均源由於中國而來：

其一是說，古昔中國北部地區稱呼「日本國」的發音爲「JINPENKUO」，葡萄牙人把它聽成爲「ZIPANKU」及「JIPANGU」。

另一說乃是中國南部地區稱呼日本國時，減去了「國」字的發音而成爲「YAPUN」，荷蘭人又把它聽成爲「JAPAN」。

在發音上這樣大同小異地，經過葡、荷人兩相湊合輾轉統一，遂固定於「JAPAN」作爲對日本的公認國名。

上述兩說，證之於中國南北地區方言，卽在今天，對日本這兩字的讀音，亦與該兩說所舉之發音有極爲相似之處；且更有歷史紀錄可稽，蓋葡、荷兩國人均係最早經由中國再轉往日本從事傳教與貿易活動，在「JAPAN」一詞形成過程上，應該說是不失爲言之成理的可信資料。

按西方國家使用稱呼日本的「JAPAN」，亦同時將其作爲「漆器」的解釋；這和稱呼中國的「CHINA」亦將其作爲「瓷器」的名詞是出於同一模式。像這種把物質製品和應有尊嚴性、獨立性的國名混爲一談而使用，縱無若何惡意動機，也總不免失之於輕率吧。可能是日本對此點抱有反感之故，日本政府與民間自戰前以迄現在，都對「JAPAN」一詞表示著潛在的抗拒意識，則是不爭之事實。二次大戰期間，日本政府將英文教科書中的「JAPAN」字樣一概用黑墨塗蓋，並將英美兩國稱之爲「鬼畜英美」洩憤。戰後諸如國家發行的鈔票背面及郵票正面所附之英文譯文；各種國際會議場內日本出席代表座前之桌上標示牌；世運會中日本選手所著之背心與夾克；工業產品所註明之製造地……等等，都一律不用國際間公認的「JAPAN」國名，而以「NIPPON（尼邦）」來取代，且係經過日本政府正式通過的決議（見一九七〇年七月十二日內閣會議），可見這是有計畫地推行著對英文國名的「正名運動」。

日本的此一所謂「正名運動」，使中國人極易於聯想到戰前的不快回憶：在那時的日本朝野一直稱中國爲「支那」，並故示侮蔑毫不理睬中國方面所提的抗議。到了戰後，始見日本從敗降中一改往昔的狂妄，立卽改正前非。首先是報紙、雜誌上的「支那」字樣絕迹，全國到處可見的「支那料理」、「支那麵」店招，也都改爲「中華料理」、「中華麵」了。本來嘛，查遍記載中國數千年的史書，壓根兒就找不出曾以「支那」爲國號的朝代，乃是日本硬爲中國「命名」的一個國名，這種暴戾失禮行爲也太無理性了。以往日本亦曾對此強辯稱：「此係中國秦朝之變音而成，國際間既源此通稱 CHINA（英文）或 CHINE（法文），日本自亦可以此為準。」云云，殊不知那是西方的橫書表音文字，日本之文字原為沿襲漢字，何以不直接使用漢字「秦」之稱謂，反而譯自西方而擅以「支那」二字表達？況且「支那」在作為漢字的字形字義上，都難作善意的解釋，其讀音與日語「物品」之發音相同；亦與「死」字之發音相關；這其中便不能不讓人懷疑到有一種包藏著的秘不可告人的卑劣意識作祟。說起來，我們眼見日本能對此一謬舉予以徹底改正，亦確是得來不易，乃是從一八六八年（明治元年）算起到一九四五年（昭和二十年）為止，中日兩國交惡，歷經兩次戰爭，足足耗費了近八十年歲月才達成的呢！

如今輪到日本自身為它的英文國名正名了，雖然是發動了有步驟地實際措施，但在國際間顯然「NIPPON」仍然撼動不了「JAPAN」毫毛，未來能否如願實現，還是難作判定哩！

再說，「日本」兩字的讀音發音亦不一致，本文在前面曾述及為「尼洪」或「尼綳」，這在日本國內也正是一項爭議。一九八九年二月二十四日當為日皇裕仁舉行葬禮時，新日皇明仁致辭中將日本讀為「尼洪」；而竹下首相致辭中則將日本讀為「尼綳」，事後卽有人在報紙的讀者投書欄內提出了究竟是那種讀音正確的疑問。

東京和大阪的市區，同有一地名為「日本橋」，但在東京將「日本」的發音讀為「尼洪」；大阪則讀為「尼綳」。這「尼洪」與「尼綳」的兩種讀法，實際上是並用無礙的，日文辭典中亦將「日本」以「假名（字母）」注音爲這兩種讀法。「尼洪」是對「日本」這兩漢字兩音並發的連結體；「尼綳」乃是兩音之間稍作停頓（卽日語文法中所稱之「促音便」）後再續發的間斷組合體，兩者之差異，僅止於此。

日本政府的文化廳會於一九七五年出版的《語言問答集》中，也談到這個日本讀音差異問題，指稱統一讀法有困難，而兩者均屬正確。這也可見日本政府雖於一九七〇年經內閣會議決定以「NIPPON」取代「JAPAN」，卻對「NIHON」只有默認。「日本放送協會」爲了統一廣播與電視中的用語，對兩種讀法作了三項規定，例如：

一、讀爲「尼洪」者爲：日本海、日本畫、日本髮、日本共產黨、日本三景、日本紙、日本酒、日本大學、日本刀、日本腦炎、日本橋（東京）、日本間、日本料理。

二、讀爲「尼綳」者爲：日本放送協會、日本一、日本海溝、日本國、日本國民、日本社會黨、日本橋（大阪）。

三、讀爲「尼洪」或「尼綳」均可者：日本人、日本語、日本銀行。

這其中最有趣的是：日本銀行印出來的鈔票背面是「尼綳」讀法，而日本銀行中的所有職員，稱呼「日本銀行」的「日本」，則全爲「尼洪」的讀法。習音難改，無怪乎文化廳公開承認統一讀法爲不可能，而只有兩者並用了。

若單就聽覺上論「尼洪」與「尼繃」之別，或可謂爲前者較爲柔和；後者略含剛勁。不管怎樣，戰後少了「大」、「帝」兩字的日本國名，由字面看起來，或由發音聽起來，都已讓受過「大」、「帝」時期欺凌過的漢字文化圈亞洲地區，有了不刺目、不刺耳的感覺了。

四個大島四千餘個小島

日本位於亞洲東北部，是日本海和太平洋環繞著的一個海島之國。它擁有四個大島；再加上四千餘個包括無人島在內而散在於周圍的小島，總稱之爲日本列島。狹長的弧狀地形，緯度相殊，海流交叉，山脈縱斷，使這個島國的氣候，有相當的多樣地域差，寒帶、亞寒帶和亞熱帶。不過，大部份地域是屬於海洋性的溫暖氣候，四季分明。它的自然災害也是多樣的，豪雨、颱風、大雪、地震、海嘯、山崩……幾皆爲年年定期性者。

日本的國土總面積約三十七萬八千平方公里（十四萬六千平方哩），百分之七十四爲山林地帶；百分之十一是丘陵河川湖沼；所餘僅有百分之十五爲平地。

一九四五年（民國三十四年）七月二十六日，並肩作戰的中、美、英三國共同向日本政府提出了菠茨坦宣言，促其無條件投降。當時，日本在軍部尙圖以「本土決戰」逞強心態下，對該宣言置之不理，聲稱予以「默殺」。直到遭受美國的兩枚原子彈先後投在廣島、長崎兩地；蘇俄亦突向日本宣戰之後，始於八月十五日正式表明接受那個要予以「默殺」的宣言，結束了第二次世界大戰。

菠茨坦宣言中重要部份的第八項，是專講日本投降後的領土範圍，將日本的主權領土限定於本州、北海道、九州、四國這四個主島以及須由中、美、英三國所決定的諸小島。事實上，這樣劃定的領土範圍，也就是日本立國以來的原有領土，除了要日本把以往靠戰爭得到手中的朝鮮、臺灣、南庫頁島、千島羣島、北太平洋託管諸島等地悉數交出外，可謂日本縱已敗降，亦並未受割地損失，仍能保持其原有領土之完整，這是難得的，也是史罕先例的幸運。因此，在日本敗降數日後，日本的《東洋經濟新報》社長石橋湛山（其後曾於一九五六年十二月當選日本首相，在任僅二月即因病辭職，改由岸信介繼任。）便撰論表示他一貫反對帝國主義式向外擴張（曩於一九二一年曾撰〈大日本主義之幻想〉一文，論述其應放棄已得的殖民地之理由），認爲經營殖民地必然投下龐大金力人力，是得不償失的愚擧。他主張「小日本主義」，指出單靠本州、北海道、九州、四國這四個主島，足够發展爲富強康樂之國。試看今天的日本，果然成爲世界所公認的經濟大國了，人民也都得以享受著和平自由與豐衣足食的生活了，一一證實了石橋湛山別具先見遠識的預言。

在論及日本於敗降中仍能保持原有領土完整爲一大幸運這一點上，日本人常會不表同意，並舉出被蘇俄佔領的北方齒舞、色丹、國後、擇捉等島，係屬北海道離島的原有領土，而至今依然在蘇俄手中緊握不放的事實，來反駁此論。誠然，這是一個不容否認的事實，如日本歷任首相均曾公開發表談話強調稱：「北方領土一日不歸還，便一日尚有二次大戰迄未結束的感覺」；日蘇之間雖早已復交，雙方之未能締結和約，也主要是此一問題作梗；日本政府印製的宣傳品——郵政局裝放郵票的透明膠紙袋上，就印有北方領土的地圖和警語：

「齒舞羣島、色丹島、國後島、擇捉島是我國固有領土，總面積相當於千葉縣和愛知縣，有豐富的水產、森林和礦物資源。」

由此可以想見日本重視此一問題的程度。不過，這一個困擾日本達四十餘年的問題，倒也是日本應藉此反省自責的一個自作自受的教訓。日本不能不悔恨當年以「默殺」聲明徒事蹉跎時日，未能立即毅然決然接受菠茨坦宣言，才造成蘇俄有餘裕地投機取巧，得乘日本之危而從容下手的惡果。按蘇俄係於中、美、英三國向日本提出菠茨坦宣言歷時近兩週後之八月八日，始突然對日宣戰。僅僅爲時不足三日（實則日本於八月十日晚，即已開始表明接受菠茨坦宣言），它也居然以菠茨坦宣言的簽署國資格，白手取得戰勝國果實。那位赤色帝國主義暴君史大林還曾經大言不慚地講過：以此一勝利，終爲日俄戰爭敗於日本之役，達成復仇雪恥之願。

日本領土的北方諸島成了蘇俄不勞而獲的「戰利品」，更成了日後對日要脅的軍事據點。其與蘇俄此種卑鄙行徑恰爲強烈對照的兩個鐵證史實，則堂堂正正地擺在日本面前：一爲受日本侵略之害最甚，艱苦抗戰八年的中國，在戰後首先聲明不念舊惡，亦未要求與美國共同佔領日本；二爲眞正以血戰取得的小笠原羣島與琉球羣島的美國，則先後於一九五八年將小笠原羣島；一九七二年將琉球羣島移還日本。

人們實在有理由相信：假若當年日本對於菠茨坦宣言從最初收到的時刻起就果斷地接受的話，莫說原子彈的災害不會降臨，連蘇俄企圖僥倖參戰的機會也不會發生，更那裏會有什麼日蘇間的所謂領土爭執；以及日軍在中國東北淪爲蘇俄的俘虜並被遣往西伯利亞大批酷勞致死；和日僑流離失所備受蘇軍種種虐待的哀史呢！還有事後證明，日本政府尤其失策失態的是在戰爭末期，尚一再懇求蘇俄出面調停以謀結束戰爭，結果呢，不但遭到蘇俄玩弄騙術之侮，更是陷於力竭絕境的自我暴露，不啻爲蘇俄所獲此項情報提供了確證。

國家的領土總面積，通常是衡量國家大或小的一個標準。若依此而論，日本跟蘇俄、中國、美國相比，它是相當於蘇俄的六十分之一；中國的二十六分之一；美國的二十五分之一，相形之下，便不免覺得差距懸殊過甚。它在全世界一百六十餘國中，居於第五十四位，算是屬於中小國之列。

日本的人口密度，平均每一平方公里爲三百零九人，日本人普遍地都有國土狹小所產生的侷促感。最有代表性的實例說明此一心理，可舉東京街道公共汽車停留站有一時期的標語（至今尚有不少地方留有殘跡）。那是樹立在道路旁用鐵架和玻璃裝成的長方型指標塔座，中間置有電燈俾在夜晚照明站名、時間表及駛往地區路線，其下部則繪有大號字體的交通安全宣傳文字，辭句是：「這是狹小的日本呀，用不著急忙趕路呵！」這種風趣的表現法，實爲大衆共同心聲的吐露。再有，近年來日本的男女老少出國旅行熱始終不衰，據一九九〇年底日本政府公佈稱：是年出國旅行者已超過一千萬人。照旅行社和傳播媒體所作的調查統計資料看，絕大多數人都異口同聲的回答他們的動機與目的，乃是爲了想從狹隘的生活環境中暫時跳出來，到國外領略一下海濶天空的心情，尋求精神上的解放。

國土小，人口衆，日本的都市特徵是一方面向高空發展；另一方面也向地下開拓；同時更大力進行著與海爭地的塡海作業。這項塡海作業估計每年平均增加國土二十八・七五平方公里。在東京、大阪、神戶等灣岸地帶的海面上，常可見到好像驀然間浮現出了一塊人工陸地，大廈聳立，道路縱橫，幾令人疑爲海市蜃樓奇景。

日本將四個主要大島聯結一體的構想，是藉海底隧道與海上架橋的鉅大工程來實現的。自戰前以迄一九八八年四月，它相繼完成了本州與九州之間的關門大橋與隧道；本州與北海道之間的青函隧道；以及本州與四國之間的瀨戶大橋。

四個主要大島一體化之後，下一步是日本人要於二十一世紀實現的海上都市。目前，東京灣的橫斷大橋；大阪的海上飛機場等工程已均在進行中，這都是爲海上都市開幕的先奏。

總人口一億二千餘萬人

初來日本的人們，共同最先看到的是：⑴人多⑵車多⑶房屋多，後二者乃是伴隨前者而存在的產物，總之，人多是對日本的第一印象。這在世界各國的旅遊觀光報刊中，都有此類圖文記載共感的反映。

日本的人口密度若照居住可能面積而論，確居世界之冠。國土僅有百分之十五為平地，就在這百分之十五的平地上，你無論走到任何大中小都市，總會看到排列成行的人羣；串珠般奔馳的車隊；蜂巢似地公寓林；和各種工廠、學校、商店、機關等臃腫的建築物。

日本政府總務廳統計局曾於一九八九年三月三十日發表總人口統計數字為：一億二千二百七十八萬人（內計男性六千三十五萬，女性六千二百四十三萬人），這是人口膨脹已達到可觀的一個數字。回顧百餘年前的明治時代初期，總人口尚在三千五百萬人上下；二次大戰終止之前，日本軍部動輒慣於號稱「一億國民」如何如何以虛張聲勢，其實在那時總人口也還不到九千萬之數，而是到了一九六六年（昭和四十一年）始突破一億人口大關的。

在以國土面積爲衡量國家大小的標準上，日本人雖有屈就小國的見於前述之「侷促感受」；但若以人口多寡來衡量大國與小國之別的話，那麼，日本則不容置疑地算是屬於大國之列了。

照人口數字來定大國的序列，依聯合國統計年鑑看：中國、印度、蘇俄、美國、印尼、巴西之下便是日本，它居於世界第七位。問題是人口大國卻未必見得是什麼値得誇示之事，毋寧說帶來的難題壓力又多又大。

日本的人口分佈，多集中於本州南部關東以迄九州的沿海地帶，在這一地帶，氣候溫暖，交通便利，產業發達，設施進步，自然會成爲人口集中的最大誘因。這一地帶的居民約佔總人口的百分之七十。

人口膨脹帶來的新煩惱之一，是高齡化社會的出現。據日本厚生省年年公佈的統計稱：日本人男女壽命均普遍增高，與全世其他長壽國家相較，已一躍而登世界第一位了。

高齡化社會出現得太快，有關老年人的福祉制度設施都嫌不夠完備，一般人對老後生活缺乏保障不勝恐悸，成爲現在最大的社會隱憂。大眾傳播爲了沖淡此一隱憂及老年人對「老」字的忌諱，編造了流行語「熟年」「實年」以代替「老年」，規定六十五歲至七十歲期間爲「熟年」「實年」，把老年人的年齡拉到七十歲之後。原定九月十五日爲「老年節」的國定假日名稱，也改稱爲「敬老節」，以示鄭重。

日本人的長壽躍居世界首座，並不太受注意，其最引發世人驚異另一種名列世界第一的，則是自殺件數，人數之多，一直都在層出不窮。日本人對自殺的看法，也與其他各國不同，像青年男女殉情，全家老幼同歸於盡的種種慘況，卻常被視爲美化的生命結束。特別是名作家如戰前的芥川龍之介；戰後獲諾貝爾文學獎的川端康成；和以奇行著稱之三島由紀夫的武士道型切腹事件，更爲自殺方式大放異彩而增高聲望。一九八三年日本警視廳印行的《自殺之概要》一書，曾謂該年之自殺人數爲二萬四千九百七十八人；一九八七年印行的《自殺白皮書》中稱自殺人數雖稍見減少，但老年人則異常增多，六十五歲以上者佔百分之七十五，這也就是上述「最大的社會隱憂」之兆。

關於日本民族的起源，在戰前軍國主義支配下，御用學者們曾製造民族優越感用以推動對外征服的煽惑，妄稱日本民族是神的子孫。戰後由日皇裕仁公開發表了他是人而不是神的「宣言」，那種愚民神話便早已雲散煙消。當前學術界對於「單一人種說」與「混血人種說」的調查研究，仍存有極大的爭論，但大多數的人類學、考古學、歷史學等學者專家們，均傾向於後者之主張。他們指稱在日本列島所發現過的一萬年以前舊石器時代石器與人骨，可以證明那個時代的居民就是日本民族的祖先，其後又有來自中國、朝鮮、東南亞地區的移民，陸續發生混血關係而成為現在的日本人。

人類學家、京都大學名譽教授今西錦司，就「混血人種說」曾坦白地說：「住在京都、大阪一帶的人，幾乎都是從中國來的移民子孫。當時對技術人員特予優待，故來者踴躍。在形質上看，毛髮稀薄者卽係中國人，我本人在這一點上很明顯地是中國人後裔。」

從已有的史料中查證，約在西曆八一五年卽一千一百七十餘年前的日本嵯峨天皇時代，官方曾編纂了三十卷《新撰氏名錄》，包括居於京都及五畿（山城、大和、攝津、河內、五泉）的氏族一千一百八十二氏，區分為「皇別」、「神別」、「地祇」、「諸蕃」、「未定雜氏」等氏族。其中所謂「諸蕃」者就是指來自中國大陸的「歸化者」而言，共計有三百二十六氏之眾。這些歸化者依靠自己的專門工藝技能供職於日本朝野，他們的活動範圍必然是在當時政治經濟中心的京都、奈良地域。此一情形與人類學家今西錦司教授提出的論旨是非常吻合的。

日本的嬰兒臀部多生有被稱為「蒙古斑」的青色斑痕，遂有卽以此判定日本人可能是屬於蒙古系人種之說，此說經大阪醫科大學松本秀雄教授十八餘年來對血清抗體遺傳因子的研究，從大阪府豐能郡住民血液中發現ＳＴ遺傳因子之分析，已更進一步地作爲日本人與原住貝加爾湖區域的北方型蒙古型人種同一源流的確實論據了。

〈附記〉

總人口稍增，人口出生率低

日本政府總務廳長官於一九九〇年十二月二十一日在內閣會議中，報告了是年十月間舉辦之「國勢調查」的總人口統計數字爲一億二千三百六十一萬一千五百四十一人，計：

男性：六千六十九萬一千五百六十一人。

女性：六千二百九十一萬九千九百八十人。

以人口出生率論，是戰後最低的一次。

另據東京《讀賣新聞》於一九九〇年下期所作之民意調查結果：在徵詢已結婚之家庭願有子女幾人項內，大多數的答案是一人。此外，還有青年男女相率有晚婚趨勢；已婚者之離婚率亦益見增高，人口問題專家咸作預測稱：今後日本的人口膨脹可望緩和。

〈附記〉

日本的「部落民」問題

一位法國青年學生在一所專習日語學校裏，忽然向女教師提出了「部落民」問題，使那位女教師爲之一驚。那位女教師在其著書中曾述及此事稱：她原以爲外國人不會注意到一向以單一民族立國自炫的日本國內，尚存有這樣一個嚴重的人權差別待遇醜事。

這是自十七世紀日本的江戸時代起，德川幕府政權爲了鞏固「幕藩體制」的封建統治，施行差別身分制度所遺留下來的一個老問題。當時在士、農、工、商的身分之下，又加造成了一種「賤民」身分，稱之爲「穢多」、「非人」，極盡其侮蔑之能事。這種人的職業都是「製革」、「屠宰」以及最辛苦勞動的工作，而且被強制地驅至荒地、山麓、洪水氾濫區聚居，所謂「部落民」便是如此形成的。

德川幕府政權並正式下令，限制「穢多」、「非人」不得與其他身分的人們交際、結婚，要他們另有服裝、髮型，俾易於識別，更指其爲異民族的子孫，來挑撥農民大眾與其經常陷於敵視的對立狀態。

明治時代初期，維新志士如伊藤博文、高杉晉作、山縣有朋等在地下活動期間都曾利用了屬於「穢多」、「非人」身分的羣眾爲武力後盾，這是日後能以改善對其差別待遇的伏因。明治四年（一八七一）的「太政官布告」（被稱爲解放令），即首先取消了德川幕府時代的身分制度。不過，這只是形式上的外觀，實質上「穢多」、「非人」階層的人們並未取得眞正的解放。明治五年實施的戶籍，將他們的身分註明爲「舊エタ」、「新平民」，依然保留著歧視作法。及大正十一年（一九二二），乃有他們自身奮起的「全國水平社」之創立，號召爭取人權，完全消滅差別待遇。戰後，則又成立了「部落解放全國委員會」。

日本政府也表示了重視此一問題，稱之爲「同和問題」，並於昭和三十六年（一九六一）成立「同和對象審議會」主其事；在昭和四十四年（一九六九）制定了「地域改善對策特別措置法」；昭和五十九年（一九八四）由「地域改善對策協議會」推行如何具體地取得一般國民的理解與協力。日本政府法務省東京法務局，東京都人權擁護委員連合會的宣傳標語是：

「不要把差別的根
仍留給下一代，

趕快消除部落差別吧。」

當前的「同和問題」莫過於存於青年男女間的戀愛結婚問題，涉及基本人權的考驗。一册《部落地名總鑑》售價達數萬日元，靠這册《總鑑》卽能查出全日本同和地區的新舊地名，從而研判一個人的籍貫、身分經歷。販賣這册《總鑑》的書店、出版社，東京一地就有五十家。常有青年男女們熱戀到了要結婚的成熟期，卻被家長們到「興信所」作身分調查，不知有多少愛侶爲此一問題被拆散了夫婦緣分。

積累了三百多年時日的問題，大概也需要同樣的或更久的時日才能解決。

風景明媚與地震火山

日本島國以風景明媚見著，花與葉之美是交織成風景明媚的兩大主流。南起九州北迄北海道長亘三千公里，在四季時序中各抒麗姿。春天是那麼多的櫻花遍處盛開，直把全日本裝飾成了一個大花園，人們都好似生活在花叢裏。櫻花雖是謝得快，而落花恰如日人所稱之「花吹雪」一詞，落花像雪片一樣地滿天紛飛，卻又是令人嘆觀的一大景緻。櫻花之外點綴夏秋冬季的藤蘿、鬱金香、菊、梅勝地，特別是紅葉名所，則猶如星羅棋布。

號稱日本三景之「松島」、「天之橋立」、「宮島」，深具自然與人工調和而相互襯托的日本型幽韻，山色海光、碧湖林影、佛寺樓閣、橋横溪谷、亭榭踏石、曲徑花木，爲其創意之代表模式。

富士山是日本的一個標幟，日本人把它看做靈山秀峯，古代的、近代的詩歌繪畫都對它讚賞不息。它在眾山環伺中屹然獨立，均整的山頂呈圓椎形，遠觀別有一番巍峨之狀。每當雲海或積雪時節，更將它粧扮得清莊帶礪。山麓有五湖相連，峯環水抱靜波中映顯出的富士山倒影，恰如巖壑競秀，向爲詩人畫家所喜頌的人間仙境。

以上所舉者盡是有關風光明媚的光明面，它也另有暗鬱的一面。知日極深的故軍事家蔣百里在其名著《日本人——一個外國人的研究》一書內卽曾就此點有所論列。蔣氏稱：

「日本的氣候風景，眞可以自豪為世界樂土。」這是指的光明面。他緊接著卻將筆鋒一轉，而謂：「短急清淺的水流，誘導日本人成了性急的、矯激的、容易入於悲觀的性格。地震、火山噴火，這些不可知的自然變動，也給日本人一種陰影。」則正道出了暗鬱面的所在。

凡是住在日本有相當時日的外國人，對蔣氏之觀察評語，都可在跟一般日本人日常生活接觸中體驗得出。蔣氏所用「這些不可知的自然變動」一語，實正診斷出日本人內心隱伏著不安情緒的症源。不可知的地震火山帶給日本人不得不接受的無形精神威脅與恐怖，皆由陸續不斷的活生生災害教訓而來。

富士山也是火山之一，那圓椎形的山頂，卽係由該獨峯上端一大噴火口所噴出的熔岩堆積而成。它曾在一七〇七年爆發過，時隔兩百數十年，至今依然是和一九二三年東京大地震餘悸一樣地叫人談虎色變。火山與地震常是並起的連鎖反應，日本有噴火可能的活火山約六十七座，一年中的爆發噴火總在數十次之上。地震若包括無感者在內一起來計算，一年中有一千數百次也並不稀罕。政府編印的《我家之地震對策》讀本，分發到家家戶戶以提高警覺；並規定每年九月一日爲「防地震災害日」，八月三十日至九月五日爲「防地震災害週」；地震研究學者的報告時常見諸報刊，以調查分析海岸線之變化，地盤之隆起沉降，地鳴與溫泉之水位異象，鯰魚活動有無反常等作地震前兆的預測……諸如此類措施，雖對預防準備有其必要，但也助長了對「不可知的自然變動」的駭懼，人們時時刻刻有惶惶然的心情。

針對著日本大衆的此種共同心情，近年來也爲商家帶來財運，第一是商人腦筋動得快，什麼臨時醫藥救急箱啦；防火衣服鞋襪啦；懷中手電筒啦；乾電池小型收音機電視機啦；通訊呼叫器啦；乾燥持久食品飲料啦……，各式各樣應付地震災害的設計製品一一出籠，而且是長期性的銷路俏貨。其次是作家與出版社書店，亦緣此名利雙收。有一位小說家小松左京寫的長篇小說《日本沉沒》，係以地震爲題材，單是這書名就已够嚇人的了，卻也正因如此，反而誘發人們不得不看的驚奇意識，暢銷已逾百萬册記錄，目前仍在繼續再版中。另一位是氣象局出身的相樂正俊其人，他在一九八二年出版了一本書叫《富士山大爆發》，這也是相當刺激人心的書名，他預告富士山將於翌年即一九八三年九月一日至十日期間爆發噴火，屆時東京首當其衝，地震級數要超過上次即一九二三年九月一日發生的東京大地震規模。

本來關於地震之能否預測預知問題，日本及全世界的地震學專家們還正在摸索階段，如謂六十年週期說、空虹位置及動物動態顯示說，衆說雜陳，都只不過是大膽的假設，根本尚無定論。而這位氣象專家卻說得頭頭是道，居然把地震的時日地點都敢予指定，這一驚人之筆非同小可，猶如晴天霹靂似地震撼了以東京都爲中心的關東地區居民，一傳十，十傳百，大家一窩蜂般爭購這位相樂正俊大作，報紙也跟著助陣，不斷地刊出對作者的訪問記。據傳相樂其人單靠版稅所得已腰纏萬貫了。

那年的九月一日適逢上次東京大地震的六十年週期，東京都當局也正大舉實施防災大演習，大家生怕被這位氣象家不幸而言中。很多有錢而又有閒的人們在那段期間暫時遠走高飛，藉機旅行避難，直到過了這位氣象家一口咬定的地震日期竟平安無事之後，纔都陸續歸來。其待在這地區只好聽天由命的人們，也在此時有慶獲安全之慨，大大地鬆了一口氣。

日本列島原是位於環太平洋地震火山頻發的「地震帶」，何時何地安全，誰也難以取得絕對保證。相樂正俊之未能倖逞其驚人之筆的預告，錯在自信過強，不該把時日地點作那樣地硬性指定。其實，在他作該項預告的一個月之後——即當年十月三日下午三時五十分，屬於東京都轄區的海上三宅島，卻眞的發生了劇烈地震與火山大爆發。電視播報實況中，但見那火山的噴煙高達雲霄，山石崩裂的赤紅岩漿好像狂奔的瀑布，將海岸區的村落整個吞噬，那個不爲之膽戰心驚！

一九八七、八八、八九年，東京灣區曾接連發生了直下型的三級與四級地震，每次在事後都見報紙上刊出地震學家們的談話，一致說這並非大地震的前奏，但何時有大地震發生亦非不可能之事。曾有人對此種模稜兩可的談話內容加以戲稱：在這地震火山大國的日本，任何人都可自稱爲地震學專家，作危言聳聽的預測，因爲地震的次數太多了，言中率總比買獎券的中獎率要高得多呢！

語言文字東西方銜接點

日本語言的源流系譜，也和它的民族起源一樣，在許多歷史語言學家們的研討中存有不同的意見和爭論。有一派主張北方系統說，從發音、語順、文法構造上將其歸結爲與蒙古語、朝鮮語同屬於阿爾泰語系；另一派則主張南方系統說，認其來自包括中國江南地區、印尼、高棉等稻作民族的語系，並舉出自然風物者多爲二音節語，身體部份者多爲一音節語以及基礎成語、數語一致等等實例來作證明；此外，還有主張西方系統說，指出和西藏、緬甸、印度語系頗多類似之處；最近更有一派提出了新發現的觀點，強調中國大陸存有亞洲古層語，分散波及於朝鮮半島、日本、西藏、印度、南洋諸島等中國文化傳佈區域，遠在紀元前三世紀之前，日本語和倭奴（Ainu）語同時接受了此種亞洲古層語的滲入而納入語言組織。這一說法對一向堅持日語與倭奴語同系的主張，等於是加上一個強有力的補充。

在這裏所稱的日本語言源流系譜，實僅就日本語言中的所謂「訓讀」者（卽爲日本以其固有語言而擇定適合所表意義的漢字讀法）而言；若將音讀者列入並論，那就是語言和文字合流而成的語文，其來源非常明顯，它在本質上便無異於由中國語文本流衍生出的一個支流。

日本沒有自己的文字，其最初使用的文字乃是借用中國的文字，卽日人所稱之「漢字」。從七世紀的飛鳥時代，直到十九世紀的江戸時代，宮廷、公卿、將軍、藩主、武士、官吏以及一般庶民讀書，亦皆以攻讀中國的四書、經、史、子、集等古典作品爲主，並依照中國的文言體裁作文，例如日本史書之《古事記》、《日本書紀》，都是用中國文言文體裁寫成的；至今殘存在日本全國各地勝蹟所在的石碑記事文，也都是標準的中國文言文體裁。中、日兩國人民縱在語言不通的情況下，常見其能使用文言體裁作筆談達意，卽源於此。可是，若互相使用口語體裁，這就有很大的差異，雙方難以瞭解。日本的學校裏，至今仍是以中國的古典文言文章作爲國語中的主要取材；對於中國的口語體文章完全陌生，始終未曾將其注進於語、文之內的。

日本雖然使用了中國文字，但由於日本語言的構造和中國文言文體畢竟大不相同，因而在講讀法和理解方法上應運而生地發明了「假名」（KANA）文字，將其加在中國文言文的「字」間與「行」間以作補助手段，卽能照日本語文方式易於會意解讀。根據傳說，這是在八世紀時期，吉備眞滿其人的創作（一千二百年前，吉備眞滿來唐朝長安留學，曾攜圍棋棋盤返日，現珍藏於京都正倉院），實際上恐非其一人之力得能臻此。當時正是日本派遣僧侶、留學生至唐朝的最盛期，當是集中許多人致力於此之智慧而逐漸完成的集體結晶。至於所謂「假名」，還又分爲「片假名」（KATAKANA）和「平假名」（HIRAKANA）兩種，這種有些怪異的漢字名稱，中國人未加以意譯而直接予以使用，不管是否學習日本語文的中國人來看，都會覺得彆扭費解。實則照中國語文式作說明，「假名」就是字母的意思，「片假名」等於是楷書體字母；「平假名」等於是草書體字母，全是從中國文字中蛻變出來的字形，每一字母均係採取某一中國字的一小部字劃，合計爲五十個音（實爲四十六個音，其他四個則與四十六音中之四音只是形異而音同）。按中國文字對於每一個字的統一讀音法，是用兩字標注，以上字的「聲」與下字的「韻」拼成一個音的「反切」法來推行的，這種「反切法」便可能是啟發當年留學唐朝的日本人發明「假名」的導引力。

日本人何以要稱之爲「假名」呢？原來當年他們是稱漢字爲「眞名」，便相對地將此種補助功能的造字就稱之爲「假名」了。這一「假」字具有眞假之「假」，與假借之「假」的雙重意義，其原始基本作用是爲讀解中國文言文體的補助文字。及後，適用範圍自然擴大，將語言溶合於「假名」之內，並擇定恰當漢字以表意，這就構成了「訓讀」的日本語文型了。

訓讀者之外，摹擬中國文字發音而以假名拼成的「音讀」文字（亦卽漢字），在日本語文中係居於主體，佔絕大部份。戰後雖厲行限制漢字之使用而代之以「假名」，但以假名寫出來的用語；或是講出來的詞句，仍爲漢字所示之原義，絲毫不能改變。先就拿「日本」這一國名來舉例說吧：讀音爲「尼洪」或「尼翃」；寫「ニホン」或「ニッポン」，結果是：雖不用漢字來表達，但依然須靠先要明瞭「日本」這兩個漢字的音形，始克聯想其所代表之意義何在。要言之，日本的語與文，離不開漢字，自始卽以漢字爲母體而結合成爲不容分割的骨肉關係。只是有一點不容忽略：這母體是漢字組合爲文言文體的母體，和漢字組合爲語體文體者幾毫無緣分可通。

在這裏可舉一例爲上述作證，那就是日常見之於日本書報雜誌文章，以及教學、演說、私人談話中的成語語彙，多用來自中國古籍及歷史記載的典故，而這類語彙典故有的在中國已因推行語體（白話）文而少予引用，卻在日本仍然很廣泛地流傳著。茲錄其最常引用者如下：（括弧內係指該語彙典故之語源出處）

古稀（杜甫詩）、矛盾（《韓非子》）、逆鱗（《韓非子》）、切磋（《詩經》）、割烹（《孟子》）、蛇足（《後漢書》）、秋波（《西廂記》）、斷腸（《世說新語》）、敬遠（《論語》）、伯仲（〈典論〉——曹丕）、株守（《韓非子》）、杞憂（《列子》）、紅一點（王安石詩）、破天荒（《北夢瑣言》）、風馬牛（《論語》）、太公望（《春秋》）、風林火山（《孫子兵法》）、莫逆之交（《莊子》）、刎頸之交（《史記》）、曲學阿世（《史記》）、酒池肉林（《史記》）、四面楚歌（《史記》）、杯盤狼藉（《史記》）、臥薪嘗膽（《史記》）、大器晚成（《老子》）、輾轉反側（《詩經》）、一日三秋（《詩經》）、天網恢恢（《老子》）、同病相憐（《吳越春秋》）、多士濟濟（《詩經》）、狐假虎威（《戰國策》）、先自隗始（《史記》）、百發百中（《史記》）、五里霧中（《後漢書》）、糟糠之妻（《後漢書》）、漁夫之利（《後漢書》）、破竹之勢（《晉書》）、自暴自棄（《孟子》）、殷鑑不遠（《漢書》）、單刀直入（《傳燈錄》）、他山之石（《詩經》）、君子豹變（《易經》）、吳越同舟（《孫子兵法》）、吹毛求疵（《韓非子》）、同床異夢（〈陳亮與朱子書〉）、青天霹靂（陸游詩）、以心傳心（《傳燈錄》）、合縱連橫（《鬼谷子》）、權謀術數（《鬼谷子》）、白髮三千丈（李白詩）、五十步百步（《孟子》）、春眠不覺曉（孟浩然詩）、一舉手一投足（韓愈文）、百聞不如一見（《漢書》）、塞翁失馬（《淮南子・人間訓》）、盡人事而待天命（《初學知要》）、積善之家必有餘慶（《易經》）、桃李不言下自成蹊（《史記》）、青出於藍而青於藍（《荀子》）……。

以上所舉者僅是在報刊上可隨手拈來的犖犖大者之例，若廣予蒐集類編，足可印成一大厚册辭典（事實上，日本卽有此類辭典）。

日本的明治維新，可以稱之爲各方面的由「漢化」趨向「西化」的大轉變，日本的語文受此影響，也隨之有了新貌。十九世紀末期，漢字與假名組成的現代化文化構造；口語式的寫作體裁，都逐一定型標準化。日本實施口語式文體，要早於中國提倡白話（語體）文運動近二十年，這是日本語文有了活力的一大進步。日文中的新貌是增多了以漢字翻譯西方自然科學、社會科學典籍的新詞彙，且更移植於中國而能共同使用；此外，它還有一項開放地吸收西方文化的嘗試：以音讀漢字句的方式，只用片假名照音引進大批葡、西、荷、英、法、德等國語文的專門字句，省掉再譯爲適當漢字的一道手續，這就是爲日後大量外來語湧入日語文中所開的方便之門。

還有最驚人的大膽提議，是出於日本初行內閣制時的第一任與第二任文部大臣森有禮之口，他主張廢除此種以漢字爲主體的日本語文，乾脆全部改用英文。接著，更有一派人圖以羅馬字拼音文字代替漢字與假名的方案，作變相外語式的文字改革。這兩種主張雖然並未見之於實現，但往長遠觀察，也伏下了未來日本語文有脫胎換骨可能性的預示。

戰後，日本語文的變化有兩大動向：其一是限制漢字的使用字數，（初爲一千八百五十字爲限，繼於一九六五、七七、八一年又先後增加一百六十一字，合計爲二千零一十一字）並將若干漢字改爲日式簡體字；其二是無限制地夾用以英、法、德語文爲主的外來語，已到了氾濫而無止境的地步。此類外來語多半是將原文減頭去足；或將兩三字刪削其一部份再加拼湊，文、音均已失去本來面目，無異於另一種新造之語文。

觀於日本語文變化趨勢，多認爲目前已在爲羅馬字拼音化重加整合鋪路。日本人常喜於自稱：「日本是東西方文化的銜接點」，外國人對日本的評鑑亦恒謂：「日本人愛摹仿，最大的特長是能儘量吸收外來文化而予融合。」試看今天的日本，確實是國際間人來人往的一個自由天地，東京現已是世界各國人來此聚合的國際大都市，語言的交流將自然促成日語朝另一新型方向開展。東京街頭上常會見到的情景是：觀光客成羣地背著猶如照像機型的日本製品電腦語言翻譯機，隨時隨地只要按鈕便可找出日語和中、英、法、西等國語的日常會話對譯來應急使用。這一情景就是朝另一新型方向開展邁步的明證。日本語言在這個東西方文化銜接點上和各國語文交配的擴大，也許說不定將來會眞有一天，孕育出一種適宜於國際間通用的「語言新品種」，好像日本由世界各地輸入原料而生產出輕、薄、短、小的精巧工業製品一樣，頗受人們歡迎使用。

〈附記〉駒田教授提醒日本人之言

日本東京早稻田大學駒田教授，係東京大學中國文學系畢業，亦爲一名作家，所著有關中國文學之專著及譯書甚多。其爲作家林亮著書《中國人物史百話》而撰之序文，曾述及中、日語文與風習之近緣關係，特將該序文全文譯述如下：

「我們日本人在日常，幾乎已經忘記了漢字的音讀——那本來全是屬於中國音的這回事。要曉得：今天我們隨時說的話也罷，隨時寫的文章也罷，其中有近乎一半的程度都是摻進著中國語文而成。

不僅是語文如此，其他方面像我們在正月裏擺設松枝裝飾、進食餅點、飲屠蘇酒，這是我國於平安時代接受唐朝的儀式；立春前一日撒豆驅邪引福，則是室町時代學來明朝的風尚；到了端午節要吃粽子，那也是沿襲著爲紀念投汨羅江自殺的楚國愛國詩人屈原，而在他的忌日五月五日以竹葉包糯米放入江中作爲祭品的傳說。其與端午節附帶相關的菖蒲、鍾馗之源由，亦起於中國，據稱乃是菖蒲之葉形似劍，鍾馗遂用以捉妖云云。諸如此類習俗，如今我們有大半數卻都誤認爲是我們固有的了。

我在這裏所想講的是：我國自王朝時代以迄明治之初，在這千數百年期間，中國是我國的先進國。及明治維新後，我國是以攝取了中國文化爲基礎而又吸收了西洋文物的。其間歷經輕蔑中國，視之爲殖民地，並加以侵略，最後招來了敗戰。我們身爲同屬漢字文化圈的日本人，應重新檢視這其間的中國歷史而有所省思，那麼，我認爲本書恰好是一冊很恰當的指南。

我一向主張要認識中國不能單看近景，必須觀察其遠景。近景是在遠景之中的，如果只單看今日中國轉變的近景，可能目爲之眩；若能往遠景深處探尋，自然就會發現到近景已在眼前，使你爲之貫通。」

〈附記〉日本對漢字的新動向

日本曾有兩度發出廢除「漢字」之議，一是明治時代初期文部大臣森有禮提議（見本篇上述）；二是戰後在美國佔領期間，美國派出了教育專家二十餘名視察日本教育後所提出的報告書之建議。按該報告書內容，對語文改革佔一大部份，有三點主張：

一、減少漢字數目；

二、全廢漢字，採用「假名」；

三、漢字、假名全予廢除，採用羅馬字拼音。

（並謂實施此點利多，可促進民主主義的市民精神及國際的理解。）

日本在這三點中首先實行了第一點，此即限制使用漢字的字數，由政府以命令規定。不過，日本人中的有識之士，還是不忘情於漢字，對使用字數之限制及外來語之漫無限制，在作沉默的抗拒。他們經常地提出論文，指出漢字的優點如濃縮簡化而義明；更具制訂新字新語的功效，絕非任何文字所能及。（日本政府也在迫不得已中漸次放寬漢字使用字數，主要是受到這些人士的影響。）

最有趣的是鄧小平於一九七八年十月間訪問日本時，在一次演說中論及漢字問題，他說：

「中國人對日本人做出了若干壞事情，其中最壞的一件事就是把漢字輸入日本，害苦了日本人民。」

鄧小平的此論，使日本人聽了頗有啼笑皆非之感。有的人認為這是鄧氏的另一種對日本人的諷刺話術，意謂日本連文字都是師承中國的。可是，假若鄧氏果存此意而道出該項話術的話，則並無相應的作用。因為日本人對使用漢字，接受中國文化，迄無心理上的自卑感，這從其歷代發展漢學及衛護漢字語文體制的實績上，都可取得百分之百的證明。

近年來，日本新發起了一種由年幼兒童開始識漢字的運動，頗受社會一般人的佳評。創始人是漢學家石井勳，他在二十餘年來的實驗推行中已得到實證結論：兒童們對漢字最喜愛，記憶得也特別快，尤其是對《論語》與「諺語」的漢字，更富興趣。

現在石井式的專以兒童為對象的「漢字教室」、「函授母子漢字教室」已由東京推展到各地方相繼設立，有的幼稚園雖未設立此種專門教室，但亦已使用了石井式的「漢字卡片」作爲教材。

那位創辦「SONY」（新力）公司，而以發明小型收音機聞名全世的企業家井深大，又創辦了「幼兒開發協會」致力於幼兒教育工作，他也在協助石井勳所推展的「漢字教室」，「幼兒開發協會」主編的《幼兒開發》月刊，每期都刊出《論語》教材，並報導石井式「漢字教室」的教學動態。

二、戰爭與日本

二、琿春與日本

原子彈也解救了日本

第二次大戰末期的一九四五年八月，恰如戰後日本自己所形容的情況一樣，乃是陷於營養失調、筋疲力盡而又滿目瘡痍的一個月。在這個月份內，日本有甚多沉重的紀念日：

八月六日：美國的B29巨型轟炸機，向廣島投下甫於七月十六日試爆成功的第一枚原子彈，俄頃之間，有十三萬餘人死亡（廣島市推計），全市化爲焦土。美國並曾警告稱若不立即投降，行將再投第二枚原子彈。

八月八日：蘇俄乘日之危，對日宣戰。蘇俄雖曾於四月初通知日本不再延長「日蘇中立條約」，但該條約仍存有一年的有效期間；且日本尚抱有幻想，曾先後於六、七月間兩次請求蘇俄出面斡旋和平，此一宣戰行動，對日本來說，實有突遭暗算的悔恨。

八月九日：美國果然又向長崎投下了第二枚原子彈，死者達七萬三千八百餘人（長崎市推計），山城悉成灰燼。

八月十五日：一向誇稱神州不滅而絕無對外敗戰紀錄的日本，終於是日正式宣告無條件投降。這便是日本軍部窮兵黷武，從製造「九一八事變」算起到此時爲止的所謂「十四年戰爭」的最後結局，因果報應昭彰。

八月二十八日：美國軍隊開始進佔日本。其被攝入新聞照片與新聞影片中的兩個鏡頭，最可反映那時期貧困日本的窘狀：一是成羣的赤足兒童們圍繞在幾輛吉普車四週，爲的是想從美國大兵手裏爭拿到一小顆巧克力，他們已久不知甜食是何種滋味；二是躑躅街頭衣服襤褸的流浪漢們，一看到美國大兵丟出吸剩下來的香煙頭，大家相率奔馳搶拾。

八月三十日：麥克阿瑟元帥飛抵東京附近的厚木機場。麥帥碩長的身材，著陸軍便裝，戴太陽眼鏡，口銜玉蜀黍型大煙斗，以勝利者的從容姿態出現在座機門口。他在稍停一瞥之後，卽緩步走下扶梯踏上日本的土地，就從這一時刻起，今後的日本命運已歸入他的掌中了。

戰後四十年來，每年只要進入八月，日本的大眾傳播必然會照例地連續刊載並放映有關上述紀念日的種種報導與評述，以示殷鑒。尤以各界顯赫人士的回憶隨筆雜感或應記者採訪對談，以及讀者投書、街頭錄音等等，常能提供迄今尚未經透露的內幕秘辛和證言。在內容上幾乎是人人都對以往軍國主義日本的侵華戰爭、反英美的無謀戰爭表示斥責與自我反省之意；獨對美國投下兩枚原子彈徒使眾多非戰鬪人員死於非命一事，似不免持有異議，如中曾根康弘前首相亦敢於公開地講過「美國的兩枚原子彈乃是對平民濫施攻擊，違反了國際法，日本爲受害者」；實則此一問題卽在美國國內，也同樣有要求追究倫理責任的叫囂，且被利用爲反核子武器的依據。

毫無疑問地，美國投下兩枚原子彈是達成逼日投降的最有力手段，當年杜魯門總統之毅然批准並一再強調其合法正當性的理由，也是認爲此舉可使戰爭提前結束；約有五十萬至一百萬的美軍生命得免於犧牲。

日本的一位醫生，多年連任日本醫師公會會長之武見太郎博士，曩曾以〈戰爭與轟炸回憶談〉爲題撰文，刊載於美國醫學協會主編之學報雜誌《JAMA》內（一九八三年八月五日號），他站在日本人的立場，基於另一種觀點大膽地指出：

「如果沒有美國投下原子彈，日本軍部縱知勝利無望也是不會投降的。那時節日本國民只有兩條路：不是戰死；就是餓死。所以每當想起這樣的下場時，反而覺得原子彈投下來也解救了日本。」，武見更稱：「我相信大多數的日本國民都會同意我這一立場的主張。」

在日本，一提起武見太郎來，其享譽之隆，可能與首相級人物齊名。他長期連選連任醫師公會會長，在醫學界隱然形成一大勢力，歷屆的厚生大臣都得向他移樽就教，人們給他的綽號是「喧嘩（吵架）太郎」，誰都要怕他三分。他之出名於世，不是光靠醫道超羣，亦有政治因素在，原來他的太太是戰前元老重臣之一的牧野伸顯伯爵的孫女，而牧野伸顯的女兒則又是嫁給吉田茂爲妻的，有了這種裙帶相疊關係，自然就會發生「政治交易」行爲。當年吉田茂任首相期間，許多政治舞臺的幕後安排，便多出於武見之導演。武見本人在其所著《戰前戰中戰後》一書中現身說法，即有此類描述。

引起世人注意的，是武見在他那篇刊載於美國《*JAMA*》的文章內所提及原子彈投下後到接受菠茨坦宣言的一段秘話，其經過是這樣的：

一、八月八日，廣島被投下「新型炸彈」後，武見卽由理化學研究所所長仁科芳雄博士之分析得知此乃原子彈，當日又由友人同盟通訊社記者古野伊之助處獲悉杜魯門總統已警告稱下次將投向東京之說。

二、武見立卽將該兩項情報轉告其妻之祖父牧野伸顯伯爵，伯爵以事不宜遲，遂急入皇宮求謁天皇，上奏約歷時四十分鐘，天皇已表露行將接受菠茨坦宣言之意向。

三、同盟社記者古野伊之助根據武見所告天皇之意向，曾於八日晚十時通過越南廣播電臺，獨斷播出「日本將接受菠茨坦宣言」之消息，十五分鐘後，倫敦、紐約亦相繼播出此訊。

四、但此項努力並未收效，九日又見第二枚原子彈投下長崎。

按美國的兩枚原子彈雖然是造成了廣島、長崎無辜市民極大的不幸，但它確是提早促成結束二次大戰的決定力量，若單就此點而論，則又不能不承認它是轉禍爲福的。武見博士論文的見解，也主要是由此而發。在當年不僅是日本政府於六月八日通過了本土決戰方針，即美國政府亦於該月十八日之聯合參謀本部會議中通過了分期進攻日本本土作戰計畫，並已取得杜魯門總統的批准。照該計畫之「奧林匹克」作戰方案看，係預計於十一月一日向南九州登陸，使用兵力爲六十五萬；其次爲「克魯耐特」作戰方案，預計於翌年（一九四六）春向東京地區登陸，使用兵力爲一百五十二萬，並規定完全佔領的期限到這一年的十一月中旬。由此可見美日雙方的作戰計畫，都由於該年七月十六日原子試爆成功繼於八月六日、九日投下兩枚之後而得以中止，保住了無數的軍民生命。

此外，根據戰後日本所公開的資料，敗降還使日本消弭了兩個可能出現的危機：

一、赤化的危機：早於日本敗降的這一年二月十四日，前首相近衛文磨曾於上呈日皇的奏文中論及陸軍已被共黨滲透而直率指稱：「未來之敗戰，殆已不容諱言，惟煽動不惜一億玉碎作戰到底者，實係受左派分子之幕後操縱。此際若不急謀和議，其最可慮者乃爲一旦陷於內部混亂時，彼等卽由幕後操縱一變而轉爲共產革命。」

二、「兩個日本」的危機：戰時最後一任之內閣首相鈴木貫太郎，老謀深算，不失爲別具先見之明。當蘇俄已對日宣戰，日本政府內猶對是否接受菠茨坦宣言相峙難決，陸軍方面爲了暗中進行政變，陸相阿南惟幾請求稍延兩日再召開「御前會議」，此時鈴木首相堅予拒絕的最大理由是：「蘇俄來攻北海道迫在眉睫，國家有被分割之虞。應知時機轉瞬卽逝，必須在以美國爲對象之情形下，迅求達成定局。」

〈附記〉

史大林確想進佔北海道

戰前最後一任之日本首相鈴木貫太郎堅決拒絕軍部請求延緩兩日再召開「御前會議」，以決定接受波茨坦宣言時，曾以「蘇俄來攻北海道迫在眉睫」之預測，作爲不能再事拖延以貽誤時機的理由。

經過了四十五年之後，方由蘇俄自身揭露其秘史，證實了蘇俄在當時確有此項計畫行動。

一九九〇年十二月二十五日的東京《讀賣新聞》夕刊版，刊出了該報駐莫斯科記者古本朗，得自蘇俄國防部戰史研究所所長特米多里・鮑爾克哥諾夫的此項證言。

鮑爾克哥諾夫告稱：

一、根據國防部中央舊公文保存所等處所保管之當時公文記載：史大林於決定對日宣戰之八月八日稍前，曾命令遠東軍總司令瓦希萊甫斯克配合進攻「滿洲」之戰，同時攻取庫頁島南部及千島列島，並進佔北海道。

二、預定投入進佔北海道之兵力爲：兩個步兵師團；一個戰鬪機師團；兩個轟炸機師團，共計五個師團。

三、史大林於八月十六日致函杜魯門總統提出佔領北海道之要求後，亦於二十三日下令庫頁島南部第八七步兵團準備登陸北海道之作戰事宜。

四、但其後忽奉史大林電令中止所有作業，亦並未見說明何種理由，至是，預定登陸北海道作戰計畫，遂歸於空談以終。

鮑爾克哥諾夫對古本朗分析史大林放棄是項計畫之因素，認爲係由於美國之強烈反對，史大林對已擁有原子彈之美國有所顧忌，不願立卽引起美、蘇抗爭形勢。

鮑爾克哥諾夫復稱：「假若當年蘇俄軍隊眞的在北海道登陸了，當然就不會撤出，而且還要建立起蘇俄軍的佔領體制。那樣的話，日本必將跟朝鮮、德國一樣，又多出來一個分割國家了。」

本土決戰的一幕幻景

挑起第二次世界大戰的德、義、日三國，在義、德兩國先後敗降，一九四五年五月以後，只剩下日本還在那裏圖作最後的掙扎。

當時日本的頹勢敗象，已非常明顯地擺在眼前：⑴太平洋上的軍事據點，自塞班島、硫黃島相繼爲美攻佔後，美即利用該兩地機場以雷霆萬鈞之勢出動B29轟炸機大舉空襲日本，首都東京及其他重要工業都市橫濱、神戶、大阪等均被炸爲廢墟。⑵美軍已於四月初登陸沖繩（琉球），指向日本之本土作戰勢難避免。⑶陸、海軍所屬之各航空隊以技術落伍，飛機生產停滯，已無對抗之戰力。⑷海軍艦隊受美方雷達佔先影響，在歷次戰役中亦已損失殆盡，僅存三、四艘戰艦，且苦於燃料不足。⑸各種資源枯竭，軍部竟公開發出要在空氣中尋取石油的夢囈，並強制推行奉獻及回收金屬品運動，以至酷使小學生撿拾鐵釘子，已陷於羅掘俱窮的絕境。⑹食糧缺乏尤日趨嚴重，全國幾入於半饑饉狀態……。即在此種窘況畢露之下，日本的軍國主義者們亦毫無結束戰爭之念，依然以「大本營發表」式謊報戰況，抱著終會有奇蹟降臨的狂想。其最著者，當首推開創世界戰史先例的所謂「神風特攻隊」戰法。

「神風」一詞，也是主觀地妄圖吉利的迷信產品，其來源是十三世紀時期，中國元朝的蒙古大軍曾兩次渡海來攻日本，卻兩次都受挫於颱風而全軍覆沒，日本人認係得助於神賜之風，適足以作爲「日本神州不滅」的有力根據，故恆以「神風」命名各種事物，以求佳運。

而這種「神風特攻隊」先用之於空軍，使飛機裝備炸彈，讓青年飛行員們駕駛著直衝美國軍艦，以有去無回的自殺式人機俱亡來換取零星有限的戰果；其用於海軍者則有「魚雷人」，以青年與魚雷合體，也是有去無回地自殺式直衝美國軍艦，而最大規模、最突出的一幕，則是向以號稱世界最大戰艦的「大和」號（一九四三年末進水，全長二百六十三公尺、寬三十八・九公尺，排水量七萬二千八百噸），在美軍進攻沖繩時，由八艘驅逐艦、兩艘巡洋艦援衛，而於四月六日自豐後海峽出發，僅載單程燃料重油六千噸直駛沖繩，作孤注一擲地稱之爲「天號作戰」的「特攻」。可憐這艘出世才一年多，號稱世界第一巨型戰艦，載著官兵三千餘人奔向死程，並無飛機掩護，在第二天中午便被美軍機一千架次的轟炸，根本未能交戰就白白地葬身海底。

「特攻」戰法之外，還有與此齊名並稱兩絕的「玉碎」戰法。這「玉碎」兩字反映著一種悲壯氣概，當是取自中國成語典故「寧爲玉碎，不爲瓦全」而來，在涵義上可解釋爲不惜同歸於盡，雖與其藉「神風」討吉利的迷信不甚相符，但這也充分顯露出日本軍國主義者的頑固倔強性格，抱有蠻幹硬幹到底的堅定信念，所以毫無忌諱地用這兩字來激勵士氣，而且在太平洋上各島嶼基地的守軍，都有了實實在在地「玉碎」實例的表現。

日本軍部不僅是用「玉碎」戰法來激勵前方士氣；在積極準備「本土決戰」的各項佈署中，也用在激勵民心了。這時期使用的標語口號有兩個：一個是「一億總蹶起」；另一個是「一億玉碎」。「總蹶起」是指包括老年人和婦女在內的全國人民武裝化，學校、工場全兵營化。「一億玉碎」的要求，亦已由鈴木首相於是年五月九日發表談話提出：「全國民都應做特攻的勇士。」

根據當年制定的「國民義勇兵役法」所定：男子自十六歲到六十歲以下的人；女子自十七歲到四十歲以下的人都必須應召加入「國民義勇戰鬥隊」。估計此一民軍兵力約二千八百萬人。由於日本政府一向宣傳英、美人爲「鬼畜」，製造出了同仇敵愾的高潮，長期間處於封閉社會的一般人民均信以爲眞，抱有與其投降受凌辱致死不如拚命求生的意念甚強，故在日本國內始終未曾出現過反戰的任何徵象。軍部對這一點非常能把握得到，並亦深能精於利用。

照日本軍部所擬定的本土決戰計畫大綱來看：他們誇稱尙有地上正規軍兵力約二百六十

萬人；海上兵力約一百三十萬人；另有特警兵員約二十五萬人，佐以國民義勇戰鬪隊兵力二千八百萬人，苟以全面的「特攻」、「玉碎」戰法從事到處設防的游擊戰，便足能使美軍登陸後疲於奔命，日本仍可立於不敗之地。爲了準備實施這一本土決戰計畫，軍部還更有一項秘密進行構築的大工程，那是在一九四四年中徵用朝鮮工人七千名，選定日本中部地帶長野縣松代山區來建造一個地下都市，期於一九四五年七月間將「大本營」由東京遷移至此地，指揮作戰。

按「大本營」係基於明治憲法所定統帥權獨立原則，每於對外戰爭時設置爲奉天皇爲首的最高統帥部，最早的一次是在一八九四年中（其時爲清朝）、日戰爭；第二次爲一九〇四年之日、俄戰爭；第三次則是起自第二次的中日戰爭和相繼發生的第二次世界大戰期間。此一組織超越於政府之上，純由陸、海軍首腦合力跋扈，作爲恣意擴張戰時體制之機關。而且這個高高在上的機關所在地，就在天皇居住的皇宮內，如今大本營既要遷移，身爲陸海軍大元帥的天皇自然必須同往坐鎭，同時也牽連到要皇室、政府中樞全體搬動，等於是事實上放棄東京的遷都行動。此舉非同小可，端的日本已眞面臨著「一億玉碎」的最後關頭了。

沖繩在六月中旬已被美軍整個佔領，東京的情勢緊張，原本預定七月間將大本營遷往松代地下都市的計議，也不得不從秘密進行而公開準備。但在此際，日本的裕仁天皇心胸內卻有了急劇的變化，他在六月八日的御前會議中尙曾依照慣例始終無言地批准了陸軍所提出執行本土決戰的〈今後指導戰事之基本要綱〉，其後陸續聆聽陸、海軍首長的軍情報告，暗自衡量國力、戰備、民心，對於那種積累下來的以虛飾代欺瞞的「樂觀說」已不再予信任，並當面表示出了不滿與疑問；尤其是對松代地下大本營之建造事宜，在事前毫無所悉，更深感憤怒，因而堅決地拒絕前往。自此之後，裕仁天皇便開始認眞地朝著如何結束戰爭的方向推動，例如：他在六月二十二日的御前會議中一反以往沉默不語的態度，竟作異於常例的發言，指示研究可能實現結束戰爭的具體方法了。

日本軍部的本土決戰計畫，結果被日皇否定，只化爲一幕幻景。至於那松代地下都市內趕工完成的大本營、皇宮、和政府機關建造物，在戰後卻提供了另一有效用途：「地震測候所」在這裏成立了，對日本這個多火山地震國家來講，恰合時宜，可算是堪稱適材適所。

投降決定前的驚險歷程

一九四五年八月十日傍晚，中國的戰時首都重慶山城，忽然此起彼落地響著爆竹聲，人人都在興奮地奔相走告：「日本投降了！日本投降了！」大街小巷立時擠滿了人羣，一片歡騰鑽動。撫今追昔，事隔四十餘年，如果查考一下日本在戰後所普遍公開化了的戰時最高機密資料，人們將不禁會覺得那天重慶的慶祝勝利爆竹，點放得有點太早了些，也太性急了些。何以呢？老實講：那個時候——八月十日到十五日，在日本國內恰正是面臨降、戰對峙、險象環生的一段時期，尙難判定日本是否眞的無條件投降，亦卽爲這世界大戰是否眞的能順利結束？日本軍部以「本土決戰計畫」蠻幹到底，原是有充分可能性的：就其兵力佈署與士氣；「國民義勇兵役法」之制定；民間武裝之組織；松代地下大本營之建造等事而觀，處處都顯見其有此決心。「一億玉碎」就是他們要蠻幹到底的口號，而且並非空談，陸、海、空軍的「特攻隊」勇往後繼，亦已爲此樹立了榜樣。連鈴木首相也在那時爲了迎合軍部而發表過談話，要「全國民都應做特攻的勇士」。更不容忽視的是八月十日還由陸軍省電國外各地派遣軍司令官；以陸軍大臣名義發表〈告全國將士書〉，嚴令繼續作戰。

假若日本果然將其「本土決戰計畫」付諸實施，不要說，美軍的登陸作戰必然犧牲重大，並在日本軍民一體、步步為營的抵抗中，有一段艱困的歲月；而在中國戰場上因日軍於佔領區內仍能保持其實力陣容，且向未吃過大敗仗，那些驕兵悍將也必更各地肆虐無所不用其極的。雖然最後結果依然是日本必敗，但最低限度，它還能拖個半年。

事態的經過須從七月二十六日說起，日本政府在這天早晨八時收到了中、美、英三國所提出的菠茨坦宣言。這是可以決定日本國運何去何從的一個緊要關頭，是禍是福全看日本對此宣言作如何選擇的考量，是接受？抑是拒絕接受？

日本政府在此緊要關頭，卻犯了兩大失誤：

一是妄想蘇俄能應日本之請而出面調停，本已屬無謀無知，且期待蘇俄之正式回音，將該宣言置於次要處理，避不作答。

二是鈴木首相受軍部左右，但求減低該宣言對前方士氣的影響，特向新聞記者發表談話，指該宣言僅為開羅會議之翻版，並無若何價值，故而強表矜持，口稱予以「默殺」。

鈴木忽略了「默殺」一語，實際上是等於「拒絕接受」的解釋以及所可能引起的嚴重性，故其後乃相繼有八月六日之原子彈投在廣島；八日之蘇俄對日宣戰，這兩重大打擊日本中樞的局勢演變，終使日本不得不作最後的抉擇。九日上午之「最高戰爭指導會議」便是在極張皇下緊急召開的。

這「最高戰爭指導會議」，係由「大本營、政府連絡會議」所改稱的，出席此一會議的成員共為六人，卽首相、外相、陸相、海相、參謀總長和軍令部長。鈴木首相首先吐露了絕望的悲鳴，他說：「由於廣島受原子彈轟炸和蘇俄參戰，已使吾人不可能再繼續進行作戰，此際除接受菠茨坦宣言以謀結束戰爭外，實已別無他途可循。」接著他請求各出席者發表意見，經過一陣凝重的沉默之後，在討論應如何接受菠茨坦宣言的發言中，形成了兩派意見：東鄉茂德外相、米內光政海相主張以不變更天皇地位為接受之唯一條件；阿南惟幾陸相、梅津美治郎參謀總長、豐田副武軍令部長則主張以⑴國家體制之堅持⑵自動解除武裝，不假手於外人⑶佔領軍之進駐僅以少數兵力及小範圍為限⑷由日人自行處置戰犯等，為接受之四個條件。就在這意見紛紜的會議時間內，長崎被投下了第二枚原子彈，而會議在中午散會前一直僵持在「一條件案」與「四條件案」的對立上，迄未能達成結論。當天下午是內閣例會，從二時到十時，對此一重大問題，不但難以一致，而且還橫生枝節地有文部大臣提出了內閣應該總辭的難題，如果阿南陸相這時附議的話，鈴木內閣便會立卽倒臺。但阿南陸相並沒有如此做，鈴木首相也果敢地表示了決不辭職，他還宣佈了要再召開「最高戰爭指導會議」。

鈴木首相之此項宣佈，證之於史實記錄，有其決定此後日本國運如何演變的歷史性意義。他所期待的目的，乃是通過該項會議一變而爲「御前會議」，讓裕仁天皇施展權威作最高最終的裁決。他和裕仁天皇的君臣關係，不同於其他的天皇周圍高官，他的夫人是裕仁天皇在嬰兒時期負養育重任的褓母；他本人則是自一九二九年至一九三六年作過八年間的裕仁天皇的侍從長，這種緣分，使雙方有極深的親密感而能減少拘束地知無不言，保持著肝膽相照的信任與理解。所以他對進行安排這樣一個微妙的御前會議能有周到的事前準備，如：

一、他在這一天的「最高戰爭指導會議」散會後，曾於下午一時半秘密入宮進謁天皇，奉請對結束戰爭論議迄難協議一事作最終的裁決，並獲裕仁天皇的快諾。

二、他在這一天的上午，亦已暗令其書記官長向參謀總長、軍令部長說明遇有緊急召開御前會議必要時，以簽署手續恐在時間上不易趕及爲辭而取得兩人之同意先行簽署，符合了法制上對御前會議的嚴格規定。

三、同時，他又顧慮到接受菠茨坦宣言，在形式上亦同於締結一種條約，若不諮詢樞密院即不能生效，故亦事先通知樞密院議長平沼騏一郎屆時代表該院列席御前會議。

四、他在這一天的夜裏十時五十五分趕往宮內再謁天皇，奏請准予在御前舉行「最高戰爭指導會議」，裕仁天皇即准所請，且面告如在會議中要求他發言，亦並無不合。雙方對於這會議的結局如何，已有以心傳心的默契。

就因爲鈴木首相能運用此一政治手腕，那天深夜十一時五十五分假皇宮內御文庫地下防空壕舉行的「最高戰爭指導會議」，由於裕仁天皇親臨聽取討論，便順理成章地成爲一次「御前會議」。在裕仁天皇面前，很明顯地分爲兩派，一派是東鄉外相、米內海相、平沼議長主張的「一條件案」；另一派是阿南陸相、梅津參謀總長、豐田軍令部長主張的「四條件案」，兩派各不相讓地互述所見，形成了三對三的相峙之局。眼看時間已逾翌日十日的午前二時，鈴木首相在這個緊要關頭乃演出了爲陸海軍首腦們意料不及的行動，他起立致辭深以難達結論爲憾，繼而強調事態嚴重刻不容緩，必須有所決定。他說到這裏，卻離開座席走向裕仁天皇身旁，先恭敬地一鞠躬，然後「奏請聖斷」。

裕仁天皇已早有了心理準備，這時只見他稍一欠身，沉著地講道：「好吧，說一說我的意見吧！我是同意外務大臣的意見的。」接著，他又繼續地敍述了一番道理，結語是：「我含著眼淚贊成接受波茨坦宣言。」

於是，日本以投降來結束戰爭，便在這一瞬間靠了天皇的權威作出決定了。有一位作家，也是月刊《文藝春秋》雜誌總編輯之半藤一利，在其所撰〈聖斷・天皇和鈴木貫太郎〉

（刊載於《文藝春秋》一九八五年八月號）一文中，曾對這歷史性的一瞬間情景以及其後之處理情形，有著墨無多的簡要描述：

「投降之議已決，時間恰為十日午前二時三十分許。是夜明月當空，照耀得可以把宮城院內老松樹印在地上的葉影都一一數得出來，報曉的鷄鳴亦已隱約可聞。（按在當時的東京確可聽到民間飼養的鷄於清晨報曉）十日晨，當國民都在開始起床時分，東鄉外相所草擬『在不包括要求變更天皇大權的諒解下，日本願接受菠茨坦宣言』的電報，已拍發給日本駐在中立國家瑞士和瑞典的公使了。」

不過，這一個最高權威的決定能否見於實現，在此時還是未知數。一向驕橫而以下尅上成風的陸軍不會輕易地就此聽命，環繞於陸相阿南周圍的一批校尉級少壯派軍官們，在聞知此一決定後羣情憤激，為了不甘示弱，立即由陸軍省發電國外各地派遣軍司令官，訓示貫徹繼續作戰任務；更以陸相名義起草〈告全國將士書〉，其內容則是堅持「在任何艱苦狀況下，亦必繼續作戰到底以期死中求生」，也就在這最高權威決定之翌日的各報中刊出了。同時，他們還正醞釀政變，不惜使用武力以推翻這一個最高權威決定。其所擬定的政變計畫是：發動陸相為執行警備的應急局部地區出兵權，命令東部軍管區及近衛師團兵力，先行切斷皇宮與主張投降求和的各元老重臣間之交通與通訊，並即實施戒嚴，由陸相阿南親向裕仁天皇力諫決不投降，號召全國進行本土決戰。

日本政府收到美國的回答，是在十三日早晨。對於日本所提出不變更天皇大權的要求，美方的措辭乃是：「天皇及日本政府之權限須隸屬於同盟國最高司令官之下」，「日本之政治型態，則由日本國民自由表明之意志決定」。「隸屬」的原文"Subject to"，卻經日本外務省故意將其譯為「制限」，其用心乃是圖以義近而不甚刺目的字眼來緩和陸軍省方面的反對，但陸軍省也並非完全不懂原文，他們認為這回答是對「天皇、皇國尊嚴的冒瀆」；是「不能忍受的侮辱」，陸相阿南好像抓到了一個有力的把柄，而先行入宮奏請「應斷然予以峻拒」。另一方面，那些氣盛的少壯派軍人個個摩拳擦掌，更加緊了暗地佈置政變的腳步。

最高戰爭指導會議和內閣會議在十三日竟日爭論不已，又回到剛召開過御前會議前的情況，對是否接受美方回答亦即接受波茨坦宣言的問題難以達成一致意見，結果只有再拖延到翌日閣議再論。這時，少壯派軍人將發動政變的時間也定在翌日上午預定召開閣議的十時，準備屆時把鈴木首相等主和的大臣加以監禁，然後發佈戒嚴令。

老首相鈴木著實是棋高一著，他覺察出政變已箭在弦上，只有再用非常手段使其歸於技窮。他基於上次經驗而胸有成竹地於十四日清晨入宮，再度奏請天皇直接下令在皇宮內召開緊急御前會議。這一著使陸軍省少壯派導演的襲擊內閣會議政變計畫撲了一場空，化為一枚不爆發的炸彈，這枚炸彈先被拔掉了信管。

日本的戰後史書每稱這次的御前會議為「最後一次御前會議的第二回『聖斷』」，即裕仁天皇在這次會議中又一次地作了最高權威決定——將接受菠茨坦宣言定案。照半藤一利（見前述引用文）的記載稱：裕仁天皇於作此決定時，嗚咽中深深地低下了頭，曾摘下了眼鏡拭淚，指示鈴木內閣從速為他準備〈終戰詔書〉，而且他還要由自己親向日本國民廣播。

少壯派軍人們眼看大勢已去，政變計畫無法得逞，猶如釜底游魂。但極少數分子卻仍不死心，終於在十四日深夜槍殺了不表同意行動的近衛師團長，並假造了師團長的命令以一連兵力佔據了皇宮各處。他們先是搜尋預先灌製就的天皇〈終戰詔書〉錄音片而一無所獲；其意在刼持天皇號令全國軍民奮起抗戰的最大企圖，也因東部軍管區司令官率部及時趕來鎮壓而歸於泡影。這場所謂「宮城事件」的叛亂，僅僅前後為時兩小時，總算未發生流血而和平解決，沒有影響到整個大局。

八月十五日拂曉，陸相阿南惟幾以不失日本型武士形象的方式，在官邸切腹自殺。日本廣播電臺（JOCK）則在正午播出了裕仁天皇的〈終戰詔書〉，宣告正式接受菠茨坦宣言。至此，第二次世界大戰始確告全面結束。

這一年的八月十五日，是軍國主義大日本帝國崩潰的終站；同時也是迎接戰後民主自由主義日本國再生的起點，成了兩個日本的分界線。因此，每年一到此日，日本朝野照例舉行「終戰紀念」外，大眾傳播界則已將其作爲慣例地，通過報紙、雜誌、廣播、電視等發表各界代表性人士們在當年這一天是怎樣地一種親身感受，其內容當然是多種多樣的傾訴，但共通的意見則是對於能有這一天的到來表示感念，並不認爲敗降是不幸與恥辱。已故名作家永井荷風曾公開發表其日記，記載著這一天在寓舉杯祝賀。那位向以風趣著稱的老學者、憲法權威——已故宮澤俊義教授，在爲某報所撰短文中，尤能輕鬆地一筆帶過，他說：「那天聽過（天皇的）『玉音放送』後，頓時湧上心頭的念頭：心想這下子可好啦，我終於盼到了這一天，我可以有機會喝杯最喜愛的而已久違了的熱咖啡了。」

〈附記〉

毛澤東說：「要感謝日本侵略」

日本社會黨要員佐佐木更三、黑田壽男、細迫兼光等人，於一九六四年七月十日在北京會晤了毛澤東。其後，日本報刊曾揭載了這樣一段會話，乃是盡人皆知的：

「佐佐木：過去日本軍國主義侵略中國，使你們蒙受了極大損害，這是我們都深感內心慚愧而要謝罪的。

毛：一點都用不到謝罪的呀。日本軍國主義給了中國莫大利益，讓中國人民奪取了政權。假如沒有你們的皇軍，我們恐怕還奪取不到政權的呢。

佐佐木：……

毛：我們從兩萬五千名軍隊，發展到一百二十萬；有一億人口的根據地。由於皇軍侵佔了大半個中國，才有了中共政權。」

關於毛澤東的這一段談話的眞意，在一九八九年八月二日的東京《讀賣新聞》（朝刊）第四版中，又刊出了另一人證的補充。

該報所載的是一篇訪問記，緣該報之麻生駐美特派員訪問了毛澤東生前侍醫兼醫療班長李志綏博士，談起了許多有關毛澤東的秘史，當麻生特派員問到：「毛主席對日本及日本人是保持怎樣的一種心情」時，李志綏的回答是：

「他說過：『中國應該感謝日本的。如果沒有日本侵略的話，共產黨恐怕掌握不到政權。』毛主席是長於寫作的文章家，也作了很多詩詞。」

麻生特派員大概是爲了他由李博士口述而報導毛澤東秘史的眞實性力求取信於讀者起見，也詳細地介紹了李博士的履歷和李與毛的密切關係。謂：「李志綏係於一九四九年被任爲毛澤東之侍醫，在毛每次閱兵時，均與毛同乘一車（有該報刊出的相片爲證）；毛登天安門時，亦在其身旁站立；一九五七年毛往訪赫魯雪夫，李亦隨同前往莫斯科。毛臨死前還一再向李詢問自己有沒有救。」毛死後，李於一九八八年夏赴美，與其在伊利諾州之子同住。

李對該日本記者亦表示了他對一九八九年六月四日天安門事件的不滿之意。

三、終戰後的世態

米粒兒似乎在飯碗裏游泳

四十餘年來，日本人每在追述當初敗降後的狀況，一致慣用「虛脫」二字來表達那個時期的人心。軍部所要造成準備本土決戰的緊張情緒消失了；一日數驚的空襲警報也不必擔憂了，人們在精神上雖然獲得一時的解放，但戰爭所遺下的毀滅痕跡，則是滿目淒涼，慘不忍睹。受到美國大規模飛機轟炸的各重要城市，除舊都京都一地倖免外，幾乎全都是一片廢墟，到處斷垣殘壁、焦土瓦礫，只見衣服襤褸的人羣在街頭躑躅徘徊，那種無精打采的神態，眞像「虛脫」字義所暗示的一種光景：人人好似洩了氣的輪胎一樣，茫茫然無所適從。

大多數人均已無屋棲身，舉凡公共建築的走廊屋簷下；或是火車站、地下鐵的通道等地，入夜後便成爲衆人滾成一團的住宿之所了。這還算是猶有可說，其比睡覺更覺嚴重的，則是如何塡飽飢腸轆轆肚子的大事。這本來已是戰時下早就存在的問題，單從所有大中小城市連道路兩旁和任何一點點空地都被利用爲種植瓜薯菜蔬類來謀食糧增產的苦心做法，即可見其窘況之一斑。可是，因爲人人都服從軍部的驅使，在充滿敵愾心地拚命過日子而置生死於度外，尙能保持最大的隱忍；如今一經有了能繼續活下去的自信，求生願望隨著昇高，對塡飽肚子的一件大事也就認爲刻不容緩地必須設法解決了。

那位名聞醫、政兩界的武見太郎（見前述〈原子彈也解救了日本〉一文中所引述者）曾經指稱過：「日本如果不投降的話，人民只有戰死與餓死兩條路。」此論恰可作爲上述情形分析的一個補充註解，日本人在軍國主義訓練成的大環境包圍中固可做到集體的視死如歸，而一旦有了突破那個大環境包圍的活路時，人人就要儘量作不願死而求生的安排了。人總歸是人，既然要活下去，誰都離不開衣食住行的需要。

日本中、老年各界人士在作戰後回憶談時，都首先會提起所受到的飢餓煎熬。名畫家加山又造教授在其所撰〈渡過飢餓時代〉一文中一開頭便是這樣一段沉痛的話：

「在戰後，當我做學生時，是正值名副其實的飢餓時代。以我自身的經驗來說，整整三天未能進食，已不知有好多次了。」

像這位畫家慘境的日本知名之士，實在是太多太多的了。獲諾貝爾物理學獎的朝永振一郎教授，亦曾向人語及他忍飢望著天花板，只能藉鉛筆粗紙記錄思索所得以自我克制的往事。因之，我們也常從報刊上看到中、老年人爲文所發的感慨，他們對於現在男女青年及兒童們每在餐館內任意剩飯剩菜而毫無珍惜之意的那幅模樣，都不勝唏噓，並備加指責。

東京的銀座大道，今天是眾所熟知的高級消費、華麗奢侈的商業遊樂區，各色餐廳林立，只要你付得出鈔票，就可在這裏品嚐到代表全世界各國的佳釀盛饌。它在戰後初期是怎樣的情景呢？這裏是黑市交易的集中地之一，其中最能吸引人的買賣乃是街上擺攤子的食品露天小店，那是一種主要用米和菜葉煮成的所謂「雜炊」，可以說是「雜燴稀飯」。大家蹲在路邊能喝到這樣一碗下肚，就覺得是一大口福。在紀念敗降的成套文圖照片紀錄專輯中，有關「雜燴稀飯」者，是一項重要取材主題，在那些拍攝此景的照片裏，不難尋出有的行人只是佇立露天小食攤圍觀作凝視垂涎狀，亦可見此一口福得來匪易。專文中有一人描繪得可謂入木三分：

「雜燴稀飯的內容愈來愈見偷工減料了，清湯可以顯著地照出我映在飯碗裏的兩隻大眼睛。其米粒少得可憐，在飯碗裏盪來盪去，忽左忽右，忽前忽後，簡直令人難以捉摸到口，米粒似乎在飯碗裏游泳。」

另有一人寫得更妙了：

「我在飯碗裏忽然撈起了頗有重量的亮晶晶地長筒狀物體，起初尚以為是撿得了便宜，心想大概是一根香腸之類的東西，可是卻難以嚼碎下嚥，吐在手掌上再經檢視，才發現那是男人們用以避性病的保險套。雖然不免噁心，還是捨不得那碗裏的殘餘，把它喝了個乾乾淨淨。」

何以在「雜燴稀飯」裏會出現了這一奇異物體？原來在當時美國佔領軍營內每天吃剩下來的殘羹殘飯，也早被有心人看中，經鑽營門路串通厨房的主事人員將其運出後，再下鍋摻和煮起「雜燴稀飯」來上市了。美國大兵們的保險套等於是日常必需品，被處理在運出殘羹殘飯的鐵桶內算不得什麼稀罕。據說有的日本人碰運氣，也確能在享受那類「雜燴稀飯」裏撈到小型的牛排哩！

日本政府實施食糧配給制已行之有素，效率也並不低，其能始終維持社會秩序安定，亦賴於此。不過，由於配給量少，一個月的量僅能供所需的三分之一，人們為了補充不足之數，就只有求助於黑市供應。有餘糧供黑市出售的農村地帶，因而成爲都市人成羣前往搶購的集中目標，各路各班的火車全被這類乘客佔滿，不僅車內擠得像沙丁魚罐頭，即火車頂、火車頭凡是可容身之處也都全無空隙。這是當年最足以標誌日本敗降窮困破落的一景，報紙的社會版新聞對這些疲於奔命的人們喻爲：「像是熱鍋上又飢又急的蟻羣。」

此輩「蟻羣」心急的是什麼呢？原因很簡單：他們乃是冒著若干風險辛苦出動的，在政府食糧統治法下，向黑市採購食糧被視爲違法行爲，一路上提心吊膽，盡在盤算著如何能躲避警察監視的關口。如果稍有差池，不但食糧遭到沒收，還要吃官司。

與論界針對此事提出一個徵答的問題：「在唯有靠黑市供應始克生存的情況下，是否亦應認其爲正當手段？」

結果是得不到答案。人們不願、也不敢對此提出答案。只有東京地方法院的推事山口良忠其人，算是間接地以他個人「默默地死」來回答了這個問題。

山口良忠是承辦審理經濟違反案件的推事，他認爲食糧統制法是惡法，但必須服從此法。他爲了以身作則，完全靠配給量維生，拒收親友送來的食糧。夫婦兩人又爲顧及兒女營養，把食糧儘量分配給他們食用，寧可只喝米湯，此舉正如他在日記中所稱：「我每天的生活，乃是走向死亡的行動。」

這位耿直的法官終於營養失調而死。事後，人們曾嘆稱：眞正守法而不求助於黑市食糧的君子，在日本恐怕僅有這位推事山口良忠一人。

「新日本女性」與「大事業」

在敗降已成定局，美國軍隊尚未進駐日本之前，日本到處卽已盛傳流言謂：一旦美軍到來，男子壯丁將被罰服苦役；年輕婦女則專供姦淫取樂云云，大家爭相駭告，這項傳聞尤其是後者使家家自危，整個社會籠罩起極度恐怖不安的陰霾。

那時節，剛剛成立負有專門處理戰後事宜任務的日本皇族東久邇宮內閣，便首先著眼於此，立卽決定撥出專款指示內務省警保局通令全國都府道縣發動民間團體，組織起所謂「特殊慰勞施設協會」，並爲了讓對方一看便知內容起見，還譯成英文爲："Recreation and Amusement Association"，簡稱「RAA」。

內容爲何，不問可知。那就是對美軍提供所需要的女人。曾有人針對此點作謔而虐地的解釋說：「日本人是上半身在飢餓中；對方卻是下半身在同樣的飢餓中。」

於是，從東京到各都市的街頭，處處可見到這樣顯目的廣告牌豎立著：

「新日本女性請注意：這是國家處理戰後緊急措施之一環，希望新日本女性們率先參加協助致力慰勞進駐軍的大事業。我們現在招募舞女及女事務員，年齡以十八歲至二十五歲為限，待遇為全部供給宿舍、被服與食糧。」

文句中的美飾用語「新日本女性」、「大事業」，自然有其宣傳號召力；但最能吸引女人上鈎的尚不在此，而是最後所稱待遇爲全部供給衣食住的誘餌。作者鏑木淸一在其所著《慰勞進駐軍作戰》一書中描述此一情景稱：

「八月二十六日，東京銀座「幸樂」（RAA 辦事處所在地）的門前，從一清早起便有大約一千五百餘人在排隊了。有的人聽到辦事員告以「新日本女性」即係娼婦時雖不免稍現猶豫之態，但一經再加說明後，即表首肯而進入內室。其後，據聞這些應募者之中，有半數以上的人都還是處女呢！」

投身「大事業」的「新日本女性」，在衣食住問題上確乎是獲得解決了，可是她們付出的代價也太高了。受美國大兵的肆意蹂躪，依當時的行市論，性交一次收費二十至三十日圓，每天要接客至少二十人，有時竟多達五十人。最後的結局則是染上花柳病而悽慘的死亡。

日本財界重鎭櫻田武以及由財界轉入報界的產經新聞社長鹿內信隆，曾以對談方式出版《揭露戰後秘辛》專著上下兩册，其中亦列有專章道及這一有關「新日本女性」參加協助「大事業」的經緯，對那些站在RAA前六百餘名美國大兵排成長蛇陣的壯觀場面，鹿內形容說：「他們個個手裏握著鈔票，眼睛通紅發愣，擺出一副迫不及待的架勢，頓足捶胸地向前擁進。」

這一被譏稱爲「國營賣春公司」、「國策下之集體賣春」的RAA組織，在一九四六年三月間奉麥帥總部指令，終於解散了。因爲美國的婦女團體、宗教團體不斷地提抗議；麥帥總部所訂的佔領政策也是命令日本政府廢除公娼制度的。但是，解散歸解散，此舉並不能改變或遏制性的交易市場，只不過是把「國營」改爲「私營」化；把「集體」分爲「散在」化，不如說反而更助長了此一市場的擴充發展。例如大批的「流鶯」、「野鷄」——日本人管叫這類女人爲「棒棒女郎」，相繼出現於市區的街頭巷尾，都在作個別式的討價還價。她們也更大膽地和美國大兵們並肩挽臂，咀嚼著口香糖，昂首濶步的姿態，卻又爲東京等地風情畫添製了新型景緻。

《朝日新聞》（見一九四六年三月十一日）曾刊有以此爲題材的新聞報導：

「警視廳於九日夜至十日晨在美國憲兵之協助下，檢舉以品川車站附近旅館為活動中心之流鶯三百餘名。最年幼者為十六歲，最長者為三十八歲。彼等皆係在品川、田町、濱松町、有樂町車站等地談妥條件後相率來宿於品川旅館、相模旅館、橘子旅館等臺基者。……女方之身分不一，計有舞女、女招待、以及政府機關與公司之職員，多係受害於戰災之小姐。」

他如《週刊新潮》編輯部編著之《麥克阿瑟的日本》專輯內，載有當年供職盟總民間情報局輿論調查班，現任哥倫比亞大學社會學系教授之哈勃特・帕勳的談話紀錄，他所語及那些「新日本女性」的生活片斷，尤具非一般人所能想像的酸楚：

「夜間，在下級軍官所居住的宿舍內，每隔十五分鐘就會有人敲門。等開門一看，卻有一位日本女人站在那裏。她要求讓她進來洗次澡。……待她把全身污垢洗淨，又用男子的化粧品整整臉和頭髮，大口小口地呑食了軍用乾糧之後，卽委身相就，也不提要錢之事。……這類女人們大部份是從中國東北、朝鮮被遣送回來的，和家族生離死別，沒有家，沒有錢，徬徨街頭而無處棲身。」

一九五〇年六月二十五日韓戰突發，這一局面給予日本經濟復興起步的機會。美國的軍運頻繁中，「特別需要」的景氣更增進了性的交易市場的活絡。據日本出版的《戰後風土探訪》一書（飯田もも、武谷ゆうぞう合著）所載，在韓戰期間單是美國軍人們的個人消費方面，他們在日本花費於買春的美金統計數字，卽大爲可觀：計一九五〇年爲一億一千萬元；一九五一年爲二億二千八百萬元；一九五二年爲二億八千七百萬元；一九五三年爲三億二千二百萬元；其趨勢是一直昇高，有漲無落。這項事實說明了人們以鄙視眼光投視的「新日本女性」，自有其犧牲自我的貢獻，連經濟學專家們也不能不承認她們不愧是「爲重建資本主義日本而賺進大量寶貴外匯的先驅者」。（見引證之上述著書二七六頁評語）

美國的四十餘萬大軍駐紮在日本全境七百三十所的海陸空基地內，環繞在東京附近的卽有六十餘所。他們的日常給養不光是牛油麵包需要孔亟；另一種「肉食」也是同樣需要的。

韓戰使日本交上了好運

翻開日本自明治時代以來的歷史看：它始終是跟戰爭有緣，眞够得上是靠戰爭起家的國家，如一八九四年的中日戰爭；一九〇〇年參加八國聯軍進攻中國北京的戰爭；一九〇四年的日俄戰爭；一九一四年參加的第一次世界戰爭，都能以戰勝者的地位取得賠款、領土和諸種權益，特別是在中日戰爭的一次中吃到的甜頭最大，拿到了臺灣並爲日後宰割朝鮮開道，其得自中國的賠款高達銀二億兩；又再加上交還遼東半島的代償款銀三千萬兩，折合日幣共爲三億六千四百萬元，憑這筆鉅款便爲日本模仿西方國家所爲的經營帝國主義條件，打下了初步基礎。

只有在一九三七年的第二次中日戰爭及一九四一年引發爲第二次世界戰爭中，它是徹底地戰敗投降了，初次嚐到戰爭苦果而陷於一窮二白的窘境了。

日本人在這段忍飢受寒歲月裏，以阿Q式的自我精神勝利法尋求安慰，被稱爲「焦土上的明星」有三人：一是少女美空雲雀，她小小年紀所唱的抒情歌曲，緊扣人心，每次發售其唱片時動輒售出數十萬張，風靡全國。二是古橋廣之進，於一九四七年八月間至美國洛杉磯出賽全美游泳選手權大會時，一舉打破四百米、八百米、一千五百米三項自由式世界紀錄，令全世體育界爲之瞠目。三是湯川秀樹教授，在同年十一月初獲得諾貝爾物理獎金，爲日本亦爲亞洲獲得此項世界最高榮譽獎金之第一人。這三位「焦土上的明星」人物，引導了日本人由敗降屈辱自卑的絕望深淵中看到一絲希望的光亮。

不過，這種精神刺戟的感覺在遇到每天開門七件事惱人的現實面前，畢竟有其限度，難以持久，逐漸地會歸於冷卻。迨一九五〇年六月二十五日，在那塊原爲日本舊殖民地的朝鮮境內一聲炮響，突然爆發了史大林所嗾使的新戰爭之後，這下子可就大不相同啦！對日本來說，無異於死中得活，又來了一次「神風」之助，精神取得物質的補充，從此便見大、中、小以至零細企業都像久旱逢甘雨似地甦生了。整個日本社會都活躍起來了。有一個名聞日本朝野的秘話，正好爲此一情況補作有力的注解：據傳當時的吉田茂首相在一聽到韓戰突起的報告時，他曾興奮地叫了起來說：「此乃天祐吾人也。」（見一九六一年四月號《歷史讀本》雜誌別册八三頁）這句話實將吉田的潛在心態表露無遺，日後的時勢發展，一切都如他所意料到的逐一實現了。

所謂日本在韓戰中得到的「特別需要」（簡稱「特需」），乃是無所不包，只要是美軍前、後方所需要的物資與服務，日方全予供應周到。廢墟中的日本人失業問題消失了，開門七件事的困擾也隨之自然解決了。

美國代爲制訂而由英文稿譯爲日文的日本新憲法，其第九條早已將日本定爲「放棄戰爭與軍備及否認交戰權」的「和平國家」，如今遇到美國以佔領下的日本爲補給基地而不惜花大錢打仗，第九條恰好成了日本坐享大發財源的「搖錢樹」。補給基地之外，兼爲美軍官兵從戰場上回來的指定休養地，但見美元滾滾而來。

當初美國對日本的管制計畫，有爲期三十年構想之一說，姑不論此說是眞是假吧，韓戰使美國改變構想而急謀結束佔領政策，則是事證人證俱在：如韓戰一起後的當年八月，便令日本變相地恢復軍備而成立警察預備隊；第二年初卽派杜勒斯爲講和特使訪問日本，並於九月八日在舊金山簽訂了對日和約，這就是太明顯的反應。諳練有素的吉田首相，以其外交經驗明察美、蘇、中共形勢的判斷力，乃作了適合國情的決定。他以和約配合了日美安全保障條約，使日本依存強大美國以發展經濟的現存體制固定化，排斥了國內所有對共產陣營的幻想，便是他爲日後實現經濟起飛而預築的跑道。

歷時三年又一個月的韓戰「特需」，已相當地餵飽了「經濟動物」日本。故在一九五三年七月下旬雖有韓戰停戰協定之簽訂，也並未因此影響到日本的經濟推進，而續有「神武景氣」、「家庭電化時代」的來臨，一片繁榮前景在望。一九五六年七月，經濟企劃廳所發表以《日本經濟之成長與現代化》爲題的經濟白皮書，主要在強調「已完全沒有一點戰後殘影了」，擺脫窮困步入富裕的回顧前瞻下，頗有感慨萬端而志得意滿之慨。

等到六〇年代，美國又大舉介入了越戰，有前例可循，等於是由韓戰「特需」到越戰「特需」的延續，而且規模更大了些，讓日本更加沾上了他人戰爭的光，堂堂邁入經濟高成長期的前期。

世人對日本從戰後凋敝而又缺乏鐵、石油、銅等高度工業化資源的苦難環境中，居然建設爲今日世界經濟三強之一，往往稱之爲「經濟奇蹟」。其實，只要細細剖視其來龍去脈，也並非過甚的「奇蹟」。韓戰確乎是帶給日本好運氣，但好運氣是自身有能力而努力，掌握到時機再乘勢擴展，才會產生成果。每年八月十五日紀念敗降的日本報紙社論，年年都有精闢的檢討論評，《讀賣新聞》的社論（見一九八九年八月十五日）對日本經濟復興提出了公允的論點，這是對「經濟奇蹟」論的最適當說明，容易懂而符合實情。社論中有一段說：

「戰後的日本復興，固然是靠了我們自身的努力，但特別是得自美國的支援最大，從任何分野來看，都可如此地說，不容否認。

美國對日本提供了技術與資源，還買了我們的工業產品，我們是託了美國之福，才成為領先世界的經濟大國。」

日本自身的能力與努力是怎樣的狀況呢？吉田茂、福田赳夫等首相級人物都曾公開發表過論文，指明日本的教育普及，人人讀書求知爲一大優點。人材須由教育培養而成材，基層人材最關緊要，日本有賴於這基層人材，故在韓戰時作爲美軍之補給工廠期間，始能學習到美方傳授的大量生產方式——即精密設計、精密加工、以及均一品質的管理技術，使低成本賺取大錢，從而豐裕了國民生活與國力。

其他人，包括外國對日研究專家們，當然也曾舉出日本復興的種種理由，諸如人民勤勉簡樸啦；終身雇用制勞資和諧啦；儒教思想主流服從倫理啦；低成本形成的國際競爭力啦……，而這些理由實際上都是得之於教育灌溉的開花結果。以輸往全世界各地的日本工業產品如極受大衆歡迎的照相機、收音機、電視機、手錶、摩托車、汽車、錄音機等高品質化爲例，這全是工廠裏的熟練勞工和研究室裏的聰慧技師共同致力而成的，他們同是在教育土壤中茁長起來的，缺一不可。再說到人人讀書求知一事，更是日本的普遍現象，隨處可見。像中國的《孫子兵法》一書，照理講原是軍事性教材，但在日本最熱心研讀此書的卻是工商界人士，並亦以其心得適用於商業市場。常見別出心裁的《孫子兵法》研讀類專著出版廣告，大篇幅地刊登於各大報刊，由此可以想像其行銷之廣。有一人更別有心得，他就是「西友百貨店」老板，在戰後因偶而讀到毛澤東〈論游擊戰〉一文中的「以鄉村包圍城市」戰術，靈機一動，便創辦了專設在大都市郊區的「西友百貨店」，爭取到大批鄉村顧客而生意興隆。

日本工商界會動腦筋，能使日本經濟復興的智慧競輝生光，而吉田茂在這方面的妙算，到今天都還是隱形的存在而發揮著效力：《新憲法》、和平條約、日美安全保障條約，這三大新神器使日本的大門、前庭、後院要衝都有美國兵站崗守衛，也不必為發展國防工業、太空科學的負擔而憂慮，可以安心地在和平用途工業上佔先發財。一遇到他人戰爭，則更有賺錢的大好機會，日本人已是精於此道的老手了。

戰後的女人和襪子堅強起來了

流行語多半都是由於反映突出的世態而產生的，其句法涵蓋著影射的雙關風趣和諷刺性的幽默感，故常見引用於日常會話。五〇年代初期的日本流行語有一個是：「戰後的女人和襪子堅強起來了」，至今尚爲人所樂道。

日本的女人向以溫柔和順，善於侍候男人馳名全世界，但也同時被目爲過分屈從男人，一切唯男人之命行事的弱者。戰後時來運轉，婦女在政治、法律、社會、勞動、家庭等方面的地位都取得保障提高，男人們眼看著自己舊日頤指氣使的威風盡失，內心自然會酸溜溜地發發牢騷，其以襪子與女人對比並論，便含有挖苦之意。

在過去封建專制政權下，執政者對女人的施教目標，是儘量使其成爲賢妻良母的典型。德川幕府時代曾刊有《女大學》一書，其內容便是將婦女的活動範圍只限制於家庭之內，而以一婦不事二夫啦；逆夫將受天罰啦；孝順翁姑啦；勤勉織縫啦……等訓示作爲教養準則的。

明治維新後，導入了西方的文物制度，對女子教育則仍是沿襲傳統以培育賢妻良母型家庭主婦爲重點，例如爲日本所獨有的專門訓練新娘子之「花嫁學校」盛極一時，這風氣一直通行到二次大戰前不曾改變，卽爲顯著之一端。此外還有更足以貶低婦女獨立人格而使其難以突破男人控制的大環境，則是《民法》所造成的，《民法》規定下男性爲家族構成主體的戶主家長制，妻及女兒沒有財產權與繼承權。此一無視女性人權有失公允的《民法》，以及男女差別待遇的教育制度，出人意料之外地卻由日本上下一齊在戰時辱罵爲「鬼畜」的美國人給改正過來了。

不僅此也，麥帥組成的盟軍總司令部在一進到東京日比谷第一生命相互大廈開始辦公後，卽嚴令日本推行諸項改革而且要優先地制定新選舉法，使婦女有了選舉權與被選舉權，以往視同痴人說夢的婦女參政也給實現了。第二年（一九四六）四月間，日本眾議院舉行新選舉法下的初次總選，一舉有了三十九名婦女當選了國會議員，這是日本婦女參政的開端大紀錄，一鳴驚人！評論家們將其喻爲此乃日本政治舞臺准由男女合演的新歌舞伎（按日本舊劇歌舞伎禁止女性登臺，向由男性扮演女角色，稱之爲「女形」），至於演技如何，這還要保留今後的一段觀察時間。

接著，一九四七年五月三日起實施的《新憲法》，對女權伸長更大書特書，在第十一條、第十四條、第二十四條等條內分別鐵定地將男女一律平等，不得有任何差別地共享永久的所有基本人權；家族生活中須維持個人尊嚴與相互合作，兩性結婚離婚、居住選定、財產繼承等事項平等同權，全釘牢在明文規定之中。至此，天下大勢已定，縱有異議者也只有遵守的份了。上述諸項條文實有其劃時代的意義，其重要性不亞於《新憲法》第一條所規定的天皇象徵化地位，那是以國民主權推翻了天皇的統治根據；這是以女權打倒了男人們對女人們統治的無形桎梏。

美國人的思想理念、生活習慣、時尚傾向，都一一搬了過來成爲新潮流，改變了日本女人的氣質與面貌。美國是女人們羨慕、崇拜、感激的對象，無論什麼都心甘情願地想向美國多多學習。總之，認爲美國代表了這個時代，凡事都要向美國看齊。

那位擅長歌唱的美貌女電影明星李香蘭，一曲「夜來香」，堪稱絕響。戰後她從上海回到日本並改回原來的姓名山口淑子（現任日本國會參議員），活躍於日本影壇。當其爲主演美、日合作影片而訪問美國時，卽曾公開地向美國新聞記者聲稱：「此行是專程爲學習接吻術課程而來」，美國的報紙以頭版大標題：“Kiss me, please.”，讚譽日本女性的大膽發言。而在山口淑子爲研究接吻術訪美的當天，無獨有偶地日本電影界也在東京目黑雅敍園舉辦了「接吻術講習會」，松竹製片公司的男女演員參加學習，由來日拍攝外景戲的荷萊塢女明星佛蓮絲・瑪麗主講並作示範表演。此後，該公司在盟總高官的鼓勵掩護下，還更進一步地拍攝了第一次有男女接吻鏡頭的一部影片「二十歲的青春」。電影界中有人認爲：「日本的敗降，在某種意義上來講，也是性的解放」。（見矢野誠一著書《藝能歲時記》）

美國式的感染力無孔不入，女人是表演的主角，活力充沛。其見之於以美國爲「樣本」的兩項開展，卻讓日本男人們不禁喜憂參半。

一是選美運動蔚然成風，自首都以至地方所選出的這個那個「小姐」，名目繁多，目不暇給。年輕的女性成羣地和裝、洋裝、再加泳裝出場爭妍，男人們從此多了一番飽餐秀色之樂。一九五〇年當選第一次日本小姐的山本富士子，都能成爲當年的十大新聞之一。到了一九五三年七月間，日本的伊東絹子又在美國當選爲世界小姐第三名，這一佳音捲起了日本全國的所謂「美人旋風」。伊東小姐年方二十三歲，身長一六四公分，體重五四公斤，亭亭玉立，端莊婉麗。據說她的頭部恰爲身長的八分之一，此乃古代希臘美人體形的典型。於是乎「八頭身」便定爲新的美人標準條件。在醫學界藉此而起的美容整形外科，則順手拿到一大財源，在其宣傳廣告中即有「一針注射，立成美女」；「一經整形，何愁不變八頭身」等等煽惑女人們看了動心的妙句，這類診所、醫院的手術室，經常是「滿員」，忙成一團的；附帶的以美國式作招牌的時裝店、美容院也跟著起來了。

「美人熱」方興未艾，及一九五九年七月間，又冒出了一位到美國競選世界小姐的兒島明子，竟平步青雲，當選爲第一名「女狀元」。當時正值日、美間重訂安保條約，日本國內的反對勢力把東京鬧得烏煙瘴氣，騷亂不已。兒島小姐的捷報頓時掀起一陣振奮狂喜的轟動，不啻爲社會大衆一掃滿天烏雲。也許正因如此，就有地下暗盤的傳聞，說這是美國爲意圖緩和該項騷亂的反美情緒，早就事前決定下將第一名世界小姐的榮冠送給日本，作爲一件外交禮品的。

以上所述是有關喜的一面。

二是男人們憂心於離婚之感染症，已露前徵。美國人夫婦協議離婚，如同家常便飯，原不足爲奇；而日本在往昔是只能有男方以一紙「三行半」式休妻，將女方驅逐出境。如今則隨著女權上漲，做妻子的都敢於自動出面，向丈夫提出仿傚美國式的離婚要求了。

這類女人幾乎都是屬於高級知識婦女階層，被稱爲「斜陽族」。此一名稱緣起於一位爲愛情殉死的小說家太宰治，曾著有一部成名之作的小說《斜陽》。他所指的「斜陽族」就是在戰後遭廢除了的皇族、華族及貴族而言，在那個日趨沒落的人士圈內所發生的紅杏出牆與離婚事件最多，對離婚傳染症起了帶頭作用。

大衆傳播界是專揀高知名度人物所發生的新聞誇張報導，用以吸引大衆關心的。「斜陽族」更帶有若干神秘色彩，自然成了他們追逐取材的對象。戰後以皇族組閣收拾殘局的東久邇稔彥家族，恰好就有這類內幕接連受到揭露，其長女文子與子爵大村家通婚不久，即告離異。其他如華頂博信、華子夫婦之離婚；戶田豐太郎、喜和子夫婦之離婚；閑院春仁、直子夫婦之離婚；……層出不窮，對對醜態百出。這些人都是赫赫有名的皇族加華族的結合，經大眾傳播喧騰其分手的主動性，卻都是操於女方之手，其敢言無忌的氣燄，著實令男子漢們退避三舍。像那位閑院春仁之妻直子，係出生於日本歷史上至高名門，執政治實權之「五攝家」中一條實輝的掌上明珠，她向外宣布她要離婚的理由是發現自己的丈夫爲男色愛好者，有一次酒醉時帶著他的勤務兵進屋，竟當著她的面前同床共衾，這是她所不能忍受的虐待。

離婚感染症經這些高知名度的夫婦倡導先例，已漸次擴散到各個階層。那位到美國學接吻術的山口淑子，和日裔美籍雕塑家野口之結婚；那位當選世界小姐第一名的兒島明子，和影星美男子寶田明之結婚，原皆受社會上一般人欽羨爲天配良緣，其結果則都是以離婚散夥。

美國的女權運動組織「全國婦聯」（NOW），在一九七〇年表現了積極的反抗男性支配社會的若干活動。日本婦女於是年亦組有「女性解放運動籌備會」、「中ピ連」、「女性黨」等，走向街頭示威。當她們結隊在東京銀座地帶遊行，最引人注目的是她們手持的標語牌，上面寫著：「徹底推行避妊教育」、「打胎的費用應由國庫負擔」、「媽媽呀，結婚眞的會幸福麼？」

兩名最後由國外回來的「皇軍」

日本敗降後，國內的「皇軍」解除武裝；其被派至國外各地作戰而未戰死與「玉碎」的「皇軍」，也都先後經遣送回國；新憲法又把日本規定爲無軍備並放棄戰爭的國家，從此，「皇軍」便失踪影，只成爲一個歷史名稱，而且再也看不見有穿軍服的人在街上走路了。

可是，人們未曾想到自一九四五年八月十六日算起的足有二十八年期間；以及三十年期間內，卻還有兩名眞正的「皇軍」依然在國外兩地抱著大日本帝國必勝信念，仍像作戰一樣地生存著。前者是在關島的陸軍上士橫井莊一；後者是陸軍少尉小野田寬郞。

這兩人的共同相通之點，乃是在那樣悠長歲月中，時時刻刻不懈的對敵警戒心態下，孤獨一身地穴居野處，尙須千方百計地覓食充飢，其生命持續力之頑強，吃苦耐勞鬪志之剛毅，均各自樹有超凡的實證。

橫井莊一是在一九七二年初被當地人發現，再由日方接回日本的。他是關島日軍二萬五千人中唯一的生還者。若根據當年日本大本營的發表，原是全島日軍悉數「玉碎」了的。

橫井說他在關島的塔魯豪豪河畔坡地掘有深四公尺長達十五公尺通道的洞窖，畫伏夜出，專靠捕捉地上小動物，河內魚蝦來維生。他始終保有一支步槍和子彈帶，最大的安慰是抱著這支共患難的步槍同眠，也賴此壯膽。

橫井的原來職業是西裝裁縫師，這一技能也很派上了用場。他能採取樹皮纖維而將其織成布料，並將拾來的手電筒外殼敲打成鈕扣，為自己製作衣服。就這樣地將衣、食、住問題都解決了，二十八年間十足地體驗了原始人式的生活。

他回到日本東京羽田機場，在會見新聞記者時，第一句話是：「說來慚愧，我橫井某人居然活著回來了。」「說來慚愧」這句開頭話，一時成為社會上最風行引用的流行語。第二天，橫井到皇城二重橋前向天皇致敬，還說：「天皇陛下，您賜下的那把步槍，我也帶回來了。」一標準的「皇軍本色」。這位「原始人」一躍而為現代名人。其後，大家從報紙陸續報導他的起居行止中，得知他在原籍名古屋市結婚了，初嚐溫柔鄉滋味的歡愉之情，編者在那附載的照片旁加了註釋：「一臉皺紋所綻開的笑顏，可以為證。」

當橫井的「新聞價值」已趨淡化之際，繼而又有一名「皇軍」之登場，此即在菲律賓魯班島的小野田寬郎。他的行動較橫井更富於傳奇性，其令日本報導沸騰的焦點，乃是他和菲律賓的警察隊相互開火，正展開了持久的山岳游擊戰。

小野田係陸軍中野學校出身，這所學校以專門訓練諜報、偵察、謀略、破壞及獨立作戰而聞名，小野田在這方面眞算是實踐了他接受訓練的才能。從一九七二年十月到一九七三年四月，非律賓的警察隊包圍了小野田的活動地帶，除有時放槍射擊外，還商請日本政府協助，用直昇機喊話，散發傳單，讓小野田明瞭今日時勢來歸，不要再作無意義的抵抗。但小野田迄不作任何表示，在密林中神出鬼沒地和警察們演著捉迷藏。

就在此時，一位日本青年鈴木紀夫自告奮勇，前往魯班島負起與小野田接觸的任務。果然，鈴木與小野田在鈴木所搭帳蓬內達成了會晤，兩人在吸飲著鈴木攜來的煙酒，有一場暢談。小野田明瞭了鈴木的來意，乃向鈴木提出一項條件，那就是說如果一定要他離開此地返回日本，須有他的直屬長官命令，始能遵從；否則，一切免談。鈴木當即應諾要照他的條件去做，並約定下次會晤的時間、地點。其後，鈴木返日遂找到小野田的原直屬長官谷口義美其人，由谷口當眞地寫下了命令，再攜其前往轉交小野田，經小野田辨認無訛，兩人乃攜手欣然下山。

小野田是在一九七四年三月十二日回到日本的。對於此一頗似戲劇化演出的事件，翌日之《朝日新聞》曾刊有兩作家的感想談話。女作家曾野綾子說：「小野田君一直堅持到最後亦不放棄戰鬪狀態，且唯以直屬長官之命令是從，這眞不愧爲嚴守紀律、訓練有素的職業軍人，其魄力至足動人！」另一位男作家有馬賴義則謂：「彼雖在山中長期與世隔絕，但其服裝、言語均整然有序，由此可見軍事訓練已入其人之骨髓。」

「兩名由國外戰場最後回來的「皇軍」，爲已被遺忘了的「皇軍」喚回一絲閃光；也爲「日本皇軍史」補寫下最後的一行。

小野田和橫井一樣，也很快地結了婚成家，把精神平定下來。他兩人同樣地經很多人慫恿參加政治活動，但橫井捨棄了原來的西裝業，改習陶器製作；小野田則應其早期移民巴西的表兄之邀，携眷遠赴巴西經營牧場去了。

那位勇於勸說小野田下山返日的鈴木紀夫，是被衆人稱道的純眞熱情青年，他有冒險的嗜好。一九八七年傳出「雪男」的腳印出現在希瑪拉雅山的雪叢後，他眞的不避艱險地登上希瑪拉雅山尋找「雪男」，竟在標高三千九百公尺處遭難了。小野田本來是計議著要在那年招待他到巴西牧場作客的，噩耗傳來，爲之不勝悲悼。小野田在這一情形下，便現出了他那種在大自然中培育出來的豪爽性格，他爲了感念鈴木救他的友情，於一九八八年一月間親往尼泊爾，冒著冰天雪地的嚴寒，由當地人帶路攀登希瑪拉雅山，費時三日夜找到達拉基利峯中腹的鈴木遭難處。他在那裏樹立起携來裝有玻璃鏡框的鈴木遺照，擺好一瓶烈性琴酒和一條萬寶路牌香煙，虔敬地雙膝下跪，向這位爲他視同恩人般的青年好友致祭。

那烈性琴酒和萬寶路牌香煙，正是十四年前在菲律賓魯班島山中的鈴木搭起的帳蓬內，小野田和鈴木初次相見並暢談到天亮時邊飲邊吸邊談的同一牌子製品。

日本朝日電視臺曾派記者與小野田同行，將此情此景錄影，並由該電臺以特報節目映出。有一家報紙在刊載此一新聞報導時的標題是：「小野田在最高的希瑪拉雅山上，砌造了一座無形的最高友情之碑。」

四、終戰後的天皇

天皇稱號年號取自中國

日本的天皇制建立在虛構的神話上，在戰前舉凡國家的一切組織、人民生活習俗以及文化風土表現，處處皆受對天皇的神聖意識支配。戰後有關天皇的神話算是被打破了，已沒有人再信從那種荒誕揑造；裕仁天皇本人亦已特別正式地發出了宣告他是人而非神的聲明。不過，嚴格地分析起來，天皇之「天」字照中國文字表意，便含有神的境象，日本迄今固仍沿用此一稱號毫無更改，主政者似尚隱伏著在求保留其神秘性的心機。證之於日本史籍通說，天皇稱號的由來，則係源出中國，從中國尊爲神位最高的「天帝」和「地皇」兩者之中各取其一字加以拼合而成。起初，日本的當政首領本來也是模仿中國所用「大王」與「皇帝」稱號，七世紀後半改稱「天皇」的動機與目的，在當時自然是基於託言神權天授，以期加強天皇權威與統治功能。

日本的歷史學者們根據可信的史料考據佐證，公認日本天皇制之確立，係始自七世紀六四六年的孝德天皇，其時並導入古代中國創自漢武帝之紀年式的年號制度（日本稱之爲「元號」），定年號爲「大化」。這「大化」年號的出典，乃是摘取《荀子》一書內〈天論篇〉「陰陽大化，風雨博施」文句中的「大化」二字。自此之後，每遇新天皇即位或有慶典時，便要另行更易爲其他兩個漢字之元年，作爲計年標準。這兩個漢字的定奪，是被視爲國家的重要大事，全是專向中國古籍中選擇具有莊嚴，文雅，吉兆含義的字樣，也成爲必須遵守的規範。

不過，兩個漢字的規定，只在八世紀（七五一）孝謙天皇時代卻破例地有過兩次四個字的年號：一是「天平勝寶」；一是「天平神護」。

這「天」字是歷代年號用字中最多的，繼孝謙天皇的兩次之後，尚有九世紀淳和天皇的「天長」；文德天皇的「天安」；十世紀朱雀天皇的「天慶」、「天曆」、「天德」；圓融天皇的「天延」、「天元」；十一世紀後冷泉天皇的「天喜」；十二世紀崇德天皇的「天治」；近衛天皇的「天養」；十六世紀後奈良天皇的「天文」；正親町天皇的「天正」；十七世紀靈元天皇的「天和」；十八世紀光格天皇的「天明」；十九世紀仁孝天皇的「天保」。

其次，用字多的則是「永」字，如：十世紀圓融天皇的「永觀」；十一世紀後冷泉天皇的「永承」；白河天皇的「永保」；十二世紀鳥羽天皇的「永久」；十三世紀四條天皇的

「貞永」；龜山天皇的「文永」；伏見天皇的「永仁」；十四世紀後小松天皇的「應永」；十五世紀後花園天皇的「永享」；十六世紀後柏原天皇的「永正」；正親町天皇的「永祿」；十七世紀後水尾天皇的「寬永」；十八世紀東山天皇的「寶永」；後桃園天皇的「安永」；十九世紀孝明天皇的「嘉永」。再其次，還可舉出「元」、「治」、「正」、「應」、「長」、「和」……等字，亦是屬於多次使用之列。因爲這些字都很明顯地合乎具有「莊嚴、文雅、吉兆含義」的規範。其出典以選自《書經》、《易經》、《文選》、《漢書》、《後漢書》者爲最多；次多的爲《晉書》、《舊唐書》、《詩經》、《史記》、《藝文類聚》、《禮記》。此外，亦有少數選自《莊子》、《左傳》、《貞觀政要》、《孝經》、《老子》；最少的是《孔子家語》、《孟子》僅各兩次；《論語》、《荀子》更只各有一次。

觀諸上述，足見日本的年號與中國古典文化結合之深固久遠。年號制在進入明治時代後，亦仿照了中國的明、清兩朝作法，硬性規定爲「一世代一年號」，於在位期間不再更易。（明治天皇的父親孝明天皇於其在位之一八四五至一八六七年期間，曾有弘化、嘉永、安政、萬延、文久、元治、慶應等七個年號。）雖然這是一項年號制的變化，但兩字年號出典須選自中國古籍的傳統，則依然堅持如昔。茲舉明治以迄昭和的出典如下：（新天皇明仁的「平成」年號見後述）

一、明治的出典是取自《書經》內「聖人南面而聽天下，嚮明而治」及《孔子家語》內「長聰明，治五氣，撫萬民，度四方」文句中的「明」「治」兩字。（見字旁所註。符號）

二、大正的出典是取自《易經》內「剛上而尚賢能止健大正也」、「大亨以正，天之道也」文句中的「大」「正」兩字。（見字旁所註。符號）

三、昭和的出典是取自《書經》內「百姓昭明，協和萬邦」文句中的「昭」「和」兩字。（見字旁所註。符號）

戰後也曾發生過大眾輿論掀起廢除天皇年號制而主張改用西曆的運動，經一九七六年日本政府公布了仍舊沿用年號制的「元號法」，始告平息。可是在官方公文、教科書、報刊中也認可與西曆紀年並用，兩相兼顧，稱得起是一適用的務實政策。

日本的天皇只有名字而無姓氏，「仁」字是千餘年來天皇家族中爲男子命名所獨佔之一字（係始自第七十代後冷泉天皇稱「親仁」；惟八十二代、八十四代、八十五代、九十四代、九十六代天皇等則並未用仁字；自一百代後小松天皇稱「仁」起，卽一直以仁字命名。）像明治天皇稱「睦仁」；大正天皇稱「嘉仁」；昭和天皇稱「裕仁」；現今的新天皇稱「明仁」，卽爲其例。日本的一般人對天皇心存畏忌，卻並不敢直稱其名，總要在「天皇」之下再加「陛下」尊稱，始覺合乎禮儀。這「陛下」一詞，當然亦係「中國成品」，他如「御璽」、

「朕」、「敕語」、「詔書」之類，均由中國往昔皇帝專用語彙中照抄而來。日本的史學家嘗謂：「從中國輸入日本的事物太多了，値得慶幸的是：日本皇室並未引進那極端殘酷的閹割雄性生殖器官的宦官制度；民間也未模仿女子纏小腳的陋習，足見對接受中國文化早就有取捨的智力。」

日本宮廷中沒有宦官制度，或許可視爲能保持皇室世襲一系相傳與政治安定的要因之一；但徵召妃嬪佳麗入宮，環繞最高權威者承歡的光景，跟中國王朝相較，則並無二致。日本宮廷中的妃嬪名目甚繁，入昭和年代後始一律改稱爲「女官」。作者河原敏明在其所著《天皇之昭和史》一書中透露稱：「歷代天皇眞正從皇后腹內出生的，毋寧說是少之又少的。」他列舉近代的實證，指出明治天皇之父孝明天皇的生母爲正親町雅子；明治天皇的生母爲中山慶子；大正天皇的生母爲柳原愛子，這幾位生母都是「女官」而非皇后。

裕仁天皇與麥克阿瑟元帥

日本裕仁天皇在結束第二次大戰和日本繫於存亡關頭，幾經波折地終於選擇了投降求活路的決斷上，著實發揮了天皇制之於日本所具有的權威與效果。

一九四五年九月二日，美、英、中等同盟國的受降典禮在停泊於東京灣內之美艦密蘇里號甲板舉行，由重光葵等代表日本政府簽了降書。此後，日本政府便安安穩穩地全部交與美國佔領，未發生任何抗拒與騷亂。盟總最高司令官麥克阿瑟元帥曾認爲這是古今東西歷史中的創舉。單就此點而論，不能不承認保持天皇之能被利用爲佔領日本及間接統治日本的功用，確屬上上之策。

其實，最早能預見到天皇制對日本戰後起最大作用並主張保留的先知者，應屬中國國民政府軍事委員會的蔣介石委員長。那是在一九四三年（民國三十二年）十一月二十三日，中、美、英三巨頭開羅會議之前夕，蔣委員長與美國羅斯福總統先作了一次兩人會談。蓋羅氏本人對日本天皇素有反感；其周圍高官亦曾向他建議「要在戰後將日皇及皇室男子全部放逐中國」；且鑒於國內輿論界追究天皇之戰爭責任問題不容忽視，故特別提出日本天皇制的存廢一事，來徵詢蔣委員長的意見。當時，蔣委員長力述此一問題應留讓戰後的日本國民來作決定。參照戰後經過的史實及資料也證明了蔣委員長之該項意見，對美國佔領日本政策措施實有極大的助力。

敗降後日本裕仁天皇的言行，一如他向日本國民發表的廣播所稱，要實踐忍耐人所不能忍的最大苦痛。其表現忍辱負重的初次行動，乃是敗降當年即一九四五年九月二十七日，他親自前往拜訪麥克阿瑟元帥。關於此一會見在一九六四年出版的《麥克阿瑟回憶錄》中，曾片斷地記述其經過；日本報刊亦多次予以摘要報導；但最有生動談論與描寫內容者，當首推美國藝術評論家巴瓦茲以第三者的親身觀察心得，先後於一九八五年發表之談話（載該年八月十二日東京《讀賣新聞》）及一九八七年所撰之專文（載該年十月二十六日東京《讀賣新聞》）。

巴瓦茲以日語見長，在美國佔領日本時期受麥克阿瑟元帥重用為少校副官，也是那次麥帥與日皇歷史性會見中唯一在場的日語翻譯。他日常與麥帥及其家人接觸最多，因而深悉麥帥個性與作重要決定時之表情及心理狀態。巴氏稱：

「麥帥為了避免引起美國國內人士對寬容日皇的責難，故在該次會見中未作任何招待準備，即紅茶、雪利酒之簡單飲料，亦付闕如。麥帥態度冷嚴，對日皇所介紹之隨從人員亦未作寒暄。」巴氏並形容日皇施禮之隆重謂：「裕仁天皇向麥帥恭敬地一鞠躬，彎腰之低幾低到可觸及地板之程度，其伸在頭上與麥帥握手之右手尚在顫動發抖不已。」

巴氏專文中最重要之處，是他敍述麥帥在未會晤日皇之前，經常語及戰爭使美國受害之烈及如何處罰日本罪行等事，但自經這樣一次會見，心理上卻起了重大變化，一是他爲日皇如此謙卑姿態大受感動；再就是日皇向其自動表示願負戰爭全部責任並代諸戰犯受過一舉，尤大爲吃驚，且在內心頓起尊敬之念。（按早在一九五五年九月十四日該報即刊出當年代表日本政府簽降書之重光葵一文，記其前往紐約訪晤麥帥時，麥帥亦向重光道及此點，麥帥曾謂當時他聽到日皇向其作此表示後，興奮地想擁吻日皇。）這一幕就是其後麥帥不顧來自白宮、英、蘇等追究日皇戰爭責任的壓力，終能爲日皇開脫戰犯身分的轉捩點。另一方，日本在飢饉中的人民大眾也因而受惠了，美國的食糧救濟供應，經麥帥從中敦促，遂得以源源而來。

那次日皇與麥帥的初次相見，亦曾由美佔領軍通信隊攝下兩人合照。矮小的裕仁天皇身著燕尾大禮服，畢恭畢敬地立正姿勢，站在僅著開領襯衫不結領帶軍便服，兩手叉腰，又高又大的麥帥身旁。相形之下，眞是尊卑立見的鮮明對比。這張照片在第二天由日本報紙刊出後，猶如一次五、六級的地震衝擊，令日本朝野爲之驚魂動魄！一霎時，日本全體國民奉爲神聖不可侵犯的現世人神天皇，好像從天上摔落到谷底。

美國新聞出版界以文圖並茂著稱的《生活雜誌》，亦曾於一九四六年初刊出這張照片，並附有幽默註語：在裕仁天皇站立處是「從神變成了人」（From God to Man）；麥克阿瑟站立處則是「從人變成了神」（From Man to God）。說來也正符時勢演變，這年的一月一日，裕仁天皇剛向日本國民宣佈了否定自己是「神」的傳說，而肯定爲「人」的所謂「人間宣言」。

麥帥在任內共與日皇有過十一次的晤談，每次均係日皇來訪，麥帥從未到皇宮回拜過。一九五〇年麥帥被杜魯門總統免職，當其啟程返國時，亦並未向日皇作禮貌性的辭行。人們講這是麥帥保持其身爲戰勝者對敗降者不貶低身價的分際，未可厚非。可能是就因此點使日方心存芥蒂，當日皇於一九七五年往訪美國時，麥帥已成故人，只有紀念他的紀念館供人瞻仰，該館主持者倒是很希望日皇能抽暇至該館一行，結果卻等於遭受拒絕，日皇僅派了一位隨員往獻花圈了事。麥帥紀念館副理事亦係當年麥帥侍從副官之班克上校卽曾公開怒稱：「那時若不是靠了麥帥庇護之力，你這位天皇怎能會有今天！」其憤激之情，竟至如此之甚。

麥帥當年在東京的住所是原屬美國大使館的大使官邸，每次接見日皇卽在此處。他的辦公室則在位於日比谷的「第一生命大厦」。大厦對面便是日皇的皇宮外圍，中間隔有一道人工的護城河。麥帥在這大厦內俯瞰日皇宮城發號施令，有著超越日皇的最高權力以左右日本命運，因此而有被暗地裏稱之爲「護城河畔天皇」的綽號。

誰也沒想到這位威風凜凜，一心要改造日本的「護城河畔天皇」，在杜魯門總統的一紙令下，竟壯志未酬而落得那般淒涼落寞地走掉了。

「第一生命大厦」的偉容，頓時爲之黯然失色。而越過護城河相距約有百步之遙的皇宮二重橋前，卻相對的突轉生機，但見打著小黃旗的觀光巴士女嚮導員們，正一波又一波地引領著參拜的人羣絡繹不絕，又逐漸恢復了往日舊觀。

一九六五年八月二十五日，裕仁天皇接見新聞記者。當記者提出「戰後二十年期間，以對何事最感印象深刻？」這項問題時，他回答稱：「那就是和麥克阿瑟元帥的會見。我們曾有十來次晤談，元帥深通東洋思想，重信義，守然諾。吾人能於當年得此人蒞臨，實爲日本之福。」

天皇在新舊憲法中的角色

美國對日軍事佔領後，麥克阿瑟元帥及其智囊們是想把日本從各項革新中，改造爲眞正和平的民主自由國家，變成「東方的瑞士」。

軍事佔領下的各項革新措施，均照原計畫獲致暢通無阻的進展。日本的一位在戰時應召入伍並被編入海上特攻隊，戰後又以時事評論家聞名的明治大學教授藤原弘達，曾對此評稱：「在世界的歷史中，實在找不出像日本這樣戰敗後被異民族佔領，又受其統治者施行諸項改革而取得成功的事例。以往者，差不多都是失敗了的，且因刺激起民族反感，還遭到普遍的抵抗。即美國在佔領之初，也是先預計到會有某種程度的抵抗而有所準備的，但結果卻沒有受到任何類似抵抗性質的抵抗，這就使得他們不免有些驚異了。這一情形，可以說是世界的例外現象。至於美國佔領軍何以能臻此境，究其原故所在：要言之，完全是由於敗降後的日本，不僅物質上已困窮到極點；連精神上亦已陷於枯涸而毫無抵抗之意念了。」（見藤

原弘達著書《獨斷之戰後史》第三一頁所載）

藤原教授的這一小段描述，是對歷史眞相很平實簡眩的解說，有關人證物證，至今猶在。

麥帥的各項革新措施，雖然是以強有力的軍事佔領爲背景，但做法上並不魯莽，而是很有章法步驟的。例如革新中最大的一項重要措施，當是如何對待被神化了的日本天皇問題。他爲了要根除天皇神話，其第一步是先掃淸日本一般人視天皇爲現世人神的心理魔障，促使裕仁天皇本人於一九四六年元旦發表自己是「人」而非「神」的所謂「人間宣言」，來拆穿愚民的謊言。接著第二步便是在一個月後的二月三日，命令盟總民政局草擬日本新憲法，期在於法理上否定天皇被神化了的地位與職權，來斬斷軍國主義殘餘分子再妄圖攀附的脈絡。

日本的天皇制是神道教的產物，其神話之構成，係據傳說男女之神相交創造了山川草木大地，更誕生了八百萬神祇。日本的第一個天皇神武天皇爲其中一位女神——天照大神卽太陽女神的直系後裔，敬重和尊崇這些神祇乃是神道（意卽諸神之道）的基礎，天皇制便是在此基礎之上建立起最高的權威地位，世襲綿延而不可動搖，使貴族武士都要靠這權威作身家及既得權位的保障。自十二世紀以降七百餘年的武人專政「幕府時代」起，如源賴朝之「鎌倉幕府」；足利義滿之「室町幕府」；德川家康之「江戶幕府」，均爲藉武力征服羣雄割據局面之後，再得到天皇敍任爲「征夷大將軍」官職，始克組織號令全國之權力機關——幕府，以操政權的。迨「江戶幕府」傳至德川慶喜這一代（大將軍亦爲世襲職），於一八六七年受內外夾攻下，不得不自動取消幕府而還政於明治天皇，從此天皇制乃進入另一新階段，把神話的領域擴大了，更賴憲法規定制度化了。

名義上是「明治天皇親政」，這很冠冕堂皇，實則當時的明治天皇尙是不諳世事的十五歲少年，對那些打著「尊皇攘夷」大纛推翻江戶幕府政權的「維新志士」派新權貴們來講，自是一個可恣意加製天皇新神話，用以鞏固自身權勢與榮華富貴的大好機會。他們在吸收西方新知中找到一個如意法寶——制定憲法來行使，通過這條憲法捷徑，首先達成了他們均身列世襲貴族的共同願望。在憲法裏把天皇捧得越高，也越能爲他們的旣得利益保險。

這部戰前的《大日本帝國憲法》，除認定天皇爲「萬世一系」，「神聖不可侵犯」具有統治全權的國家元首外，並再套上一項世俗化頭銜，奉爲統帥陸海軍之「大元帥」。因而在政府組織體制上乃有直屬天皇的陸軍之參謀本部，海軍之軍令部，不受內閣、議會干預。於是，天皇也武裝化了，人民所見所拜的，自明治天皇以至戰前昭和天皇的照片（家家戶戶皆懸有天皇照片），都是大元帥服肖像；所讀所聞的，都是「軍人敕諭」、「戰陣訓」、「教育敕語」，要絕對服從天皇，爲天皇而生，亦爲天皇而死。徵兵制下全國皆兵，軍隊是直屬天皇的，故亦稱之爲「皇軍」。

天皇在《大日本帝國憲法》中扮演的角色，自明治、大正以至昭和，是軍國主義日本以中國爲主要侵略目標而連續發動戰爭的陸海(空)軍總統帥，這都有紀錄可尋：如一八九四年挑起中、日戰爭；一九〇〇年參加八國聯軍攻佔北京；一九〇四年在中國土地上進行日俄戰爭；一九一四年第一次世界大戰攻佔山東青島；一九二七年出兵山東攻佔濟南；一九三一年攻佔瀋陽（卽所謂「九一八事變」），其後並佔領東北全域成立僞滿洲國；一九三二年出兵攻佔上海；一九三七年引發蘆溝橋衝突的第二次中日戰爭；一九四一年終至演爲第二次世界大戰，這都是天皇所下的命令。按照大日本帝國憲法規範論，如果沒有天皇命令，那「皇軍」是一步也不能行動的。裕仁天皇在初次訪晤麥帥時所稱戰爭均係以他的名義而起，理應由他身負戰爭以代諸戰犯受過之言，大可看做未失良知的眞心話哩！

話說麥帥於上述之二月三日命令盟總民政局草擬「日本國新憲法」，爲時不及十日，就完成底稿交給日本政府了。此一由英文譯爲日文的日本新憲法，於一九四七年（昭和二十二年）五月三日施行，美國將日本天皇安排在新憲法中所扮演的是何種角色呢？把新舊憲法一加對照比較，最顯明的便是天皇從神位回到人位，只成了「日本國民統合的象徵」，而此一象徵地位也還是靠了「主權在民」的「民」之支持才能站得住脚的，他以前的那種至高至上至大的權位全被勾消了。

從「人間宣言」之發表到新憲法之施行，日本天皇的神話外衣確是照著麥帥意旨給脫掉了。不過，卻未能脫得乾淨。試看漢字「天皇」二字稱號不就是原封未動麼？這其中就有暗藏玄機的可能。麥帥固然是不識漢字之義的人，可惜他周圍的智囊們也無此才學而能向他進言。所以他所知道的，所看到的只是「天皇」一詞的英語譯文：「The Emperor」，並不瞭解這漢字稱號的「天」字尚具有「神」的涵義存在（見前文說明）。這樣，就好有一比：雖然是把天皇的神話外衣脫掉了，卻還留著一頂讓他戴在頭上的神話帽子。

今天的日本，又已恢復了戰前以神武天皇即位的紀元節（二月十一日）爲建國紀念日；在朝高官們也公開結隊參拜伊勢神宮與靖國神社；右派勢力聲稱爲重定天皇地位及加強自衛武力而必將修憲之運動，亦在躍躍欲試……，關心日本政治的人們，多以這類動向來觀測其未來對天皇會不會再將神話外衣加身？

這誠然是一些問題徵候，可是只要現行的「新憲法」健在，這些問題徵候在「新憲法」的約束力下，都成不了事。當年麥克阿瑟送給日本的最大贈品——「新憲法」，深得日本人心，愈來愈受到廣大支持，一直都靠它在管理著全日本。「新憲法」是觀測日本未來的精密晴雨計時器。

「新憲法」爲天皇定位，使他沒有「國政權能」，只能做一些繁文縟節儀典的「國事行爲」，如：爲內閣總理大臣就職時「認證」；召集國會時讀一讀「開幕辭」；接受各國駐日大使到任時呈遞之「國書」……等等。而且是站立著執行的「國事行爲」居多；坐下來在桌面上做的則只是名義上須經過天皇用毛筆簽名並蓋印章的公文，一年之中約在兩千件上下。再就是出席招待各界的園遊會；各地的體育大會，慈善慰勞大會之類的社交型活動。

像這些「國事行爲」，對於年逾八十餘歲的裕仁天皇來說，也是够繁重的。他在一九八七年便把站立著的「國事行爲」讓給皇太子明仁代做；一九八八年臥病後，把坐下來的「國事行爲」也不得不讓給皇太子代勞了。他有四個多月全賴輸血維持生命，於一九八九年一月七日乃終告逝世。日本宮內廳在此時始宣佈他的病症爲他本人始終未獲告知的十二指腸癌的不治之症。

裕仁天皇在戰前的《大日本帝國憲法》中是神的角色；在戰後的《日本國憲法》中變成了人的角色，一人兩角，也算是够辛苦的。他遺留下來的戰爭責任問題，在國際與國內，都還是議論紛紜的歷史懸案。

新天皇爲皇室帶進新風

明仁皇太子於其父裕仁天皇逝世之日，遵照憲法及皇室規範所定條文，立即舉行了繼承皇位的儀式，並經首次由日本政府制定公佈新的年號爲「平成」。

年號決定權由皇室轉移爲內閣，只是一種形式上爲了添加一些民主色調，最重要的部份仍是循以往慣例邀集知名漢學家，要借重他們的對中國古籍的博識。

這「平成」二字的選擇摘取，其出典是：

一、《書經》內的〈大禹謨〉：「地平天成，六府三事允治，萬事永賴，時乃功。」

二、《史記》內的〈五帝本紀第一〉：「父義，母慈，兄友，弟恭，子孝，內平外成。」

前者有「地平天成」；後者有「內平外成」，從兩者之中各摘取平、成二字以陪襯地、天、內、外四字，均可作同樣的廣義引伸，恰好合乎日本現時所要強調其致力經濟繁榮，世界和平的對內對外政治宣傳。「平成」就這樣地經內閣會議通過成立了。

明仁皇太子繼承皇位，是戰後日本新憲法規定國民主權下的第一次皇位易人，反映民意的日本大眾傳播界咸稱明仁為「新天皇」，表示擁戴熱忱與別有期待。實際上，這位新天皇在他身為皇太子期間的言行，早已為皇室帶進了新風，建立了他在眾人心目中的新像。他在歷次接見記者團時，有問必答，毫不忌諱全世界都在矚目的天皇制問題。

他論及天皇的象徵地位說：

「我認為天皇作為國家之象徵，已受到大多數國民的支持，這和傳統的天皇形象，乃是符合一致的。」

他更進一步地舉出：

「我皇室傳統向不尚『武』，而是一貫地重視有『文』之道。從歷史上看：顯然穿軍裝的天皇極少，卽有，亦是為期短暫。瞻望未來，我願嚴守此一皇室傳統，繼續發揚光大。」

凡此，似皆可見其視野學識之開放，不作矯飾。

他在即位後「朝見之儀」中，已是眞正的由皇太子昇爲天皇之身了，依然是保持著謙沖爲懷的平易態度，面對那些行政、立法、司法首長，閣僚、國會議員、自治團體代表等出席人員所發表的文告，也用了創新的辭句如謂「誓與諸君共同致力於」如何如何，具有親和力，縮短了國民與皇室間的距離。

明仁新天皇比起以往幾代天皇來，有若干突出的相異之處。先就他在婚姻大事上與婚後家庭生活上說，便開了日本皇室史的新頁。

他在避暑地輕井澤的網球場上，偶與一位小姐正田美智子相識，經由戀愛而向她求婚。但正田小姐是出身於平民之家，且係畢業於天主教系的聖心女子大學，這兩點都是婚姻阻力。明仁卻以絕不退讓的堅毅意志突破了這阻力，終於完成所願。他和正田小姐的婚禮，給當時日本戰後暗鬱社會也點綴了不少佳話喜氣。又按照皇室舊制，他們的子女在出生後便須離開父母被送至側近親信家中代爲撫育，並由嚴選之乳母哺乳，明仁夫婦對此一有失人倫之陋規也堅毅地反對而將其廢除。他們生有二子一女，自嬰兒期以迄成人都同住一處，過著有屬於自己的家庭親情生活。

其次是明仁能有接受正常大學教育的機會，更幸運地受到本國的和外國的家庭教師日常諄諄教誨的薰陶。原爲貴族子弟專設的學習院，在戰後改爲對各界開放的大學。他在這所大學政經學系就讀五年期中，得與各階層的學友相處，對充實各方面智識與擴大人際社會觀察範圍，均有莫大助益。其以家庭教師職位而啟發他的思考力，影響他一生的有兩人：一是自由主義者之慶應大學校長小泉信三（其正式職銜爲「東宮御教育參與」）；另一是來自美國的基督教教友派（Quaker）信徒之韋寧夫人。這兩人對明仁皇太子的一切新作爲，前後相輔相成，都盡到了殫精竭思的幕後指導。

韋寧夫人之以基督教信徒走進日本神道教領域，並擔任明仁皇太子家庭教師，這不能不說是一異數。緣於美國佔領日本初期，美國派來了一個教育視察團來日，裕仁天皇在接見該團時大概也是出於故示友好的動機，當面請求該團爲他的兒子——明仁皇太子介紹一位女教師。該團於返美後便選派了教友派（Quaker）信徒的韋寧夫人出任此職。後來韋寧夫人返美著有《皇太子之窗》一書，敍述其充皇太子家庭教師的經過。她很欣賞明仁的正直性格，她對明仁的施教重點是：養成自由獨立思考；尊重個人爲民主主義之基本思想；以及灌輸西方型的人生價値觀與生活方式。她在該書內也曾提及她領著明仁到日比谷第一生命大厦「盟總」去會見麥克阿瑟元帥，等於考驗了一下明仁的英語會話能力。

明仁之能操流暢英語，亦係得自韋寧夫人之訓練有方。韋寧夫人還爲他取了個英文名字吉米（Jimmy）來叫他，此舉亦可謂爲日本皇室自古以來於漢字名字之外，初次以另一外國語文命名的一項珍聞和新紀錄。日本的守舊保守派免不了大皺眉頭，爲太「洋化」而興嘆，但這已是時代落伍者的自閉症陋觀念，日本的「現代人」則覺得「越洋化越會好」。

明仁在這方面是沾了光的。通曉世界通用的英語，是求知上的一件利器，能開濶各種來源的接觸。日本的新聞記者非常稱道明仁對國際專門問題素有研究，據說他平日裏勤於閱讀多由他的賢內助美智子協助蒐集的英文資料。美智子係聖心女子大學英文系畢業生，其英文造詣並不遜色於明仁。大概也是因爲少了國際間語言交流障礙之故吧，這一對夫婦在尚爲皇太子、皇太子妃期間，即曾作出國親善旅行二十二次；正式訪問外交的國家達三十七國之多。在身爲新天皇、新皇后之後，現正在計畫訪問的國家，亦已列有亞、歐、非、美諸洲的六、七個國家，新天皇被看做日本外交的「王牌」。

明仁新天皇喜愛音樂體育，也是魚類研究學者，曾發表有關鯊魚專門分析的論文二十六篇，他的書齋和研究室，盡是這類專門資料與設備。

他常接見新聞記者。一九八九年八月四日，他和皇后出席日本人及外國人記者招待會，這一次是他即位後首次與記者公開交談，當場並由各電視臺同時播出，其最受全世界人士注視的集中點，乃是記者詢及他的父親——即逝世不久的裕仁天皇之戰爭責任問題，大家都屏息以待地看他將作怎樣回答。

他的態度表現得相當安祥溫和，他答稱以他所處立場而言，不便對此有所判斷作答。

記者們不甘就此作罷，接著又以長崎市長爲指摘裕仁天皇戰爭責任問題之發言所引起的風波而牽連到言論自由一事來追問試探他的意見，他力言言論自由爲民主主義之基礎，極爲重要。記者再接着想問接地套出他的言質，又問他言論自由的範疇，是否包括可以議論天皇之戰爭責任及天皇制之是非在內，他也加以肯定同意。

這一場景十分地映露出日本新天皇的新作風面貌；也表明了日本位於民主國家陣營中，日本人民所能享有言論自由的尺度。

〈附記〉

卽位大典與「大嘗祭」

根據日本大眾傳播（見一九九〇年十一月十二日《讀賣新聞》、十日《NHK電視週刊》等）對新天皇明仁卽位大典所作之說明稱：

「天皇之卽位儀式，固已行之於古代，惟在既行繼承皇位之後，復另定日期再行卽位大典，則係始自八世紀末之桓武天皇，此乃受中國影響而採取之唐制。」「此次卽位大典之原型，爲明治天皇以降所行者，且已具有修整爲日本式之色調。」

新天皇明仁曾於一九八九年一月七日繼承了皇位，當時舉行的儀式簡略，主要爲接下歷代相傳的所謂「三種神器」（卽：八咫鏡、草薙劍、八坂瓊曲玉），爲其皇位之正統合法示世，以對內的性質成分居多；一九九〇年十一月十二日舉行的卽位大典，則是對內外雙方正式廣爲宣明繼承皇位的隆重儀式，故招待有一百五十八國暨兩國際機構派來之祝賀使節，連同日本國內官民代表合計達二千二百二十三人蒞場觀禮。

卽位大典會場設於東京皇城內正殿「松之間」，最重要的佈置，當是天皇登臨就位的

「高御座」；皇后登臨就位的「御帳臺」。這兩座方形如亭閣亦似乘轎型，四周圍以幔帷並於前後備有數段階梯的木製高臺，係特由京都舊皇宮運來再加以配裝者，是七十六年前、六十二年前經大正天皇與昭和天皇即位時所用之物。

是日，明仁天皇戴立纓冠，著「黃櫨染御袍」，束帶抱笏；美智子皇后結髻飾金，著「御五衣」、「御唐衣」之「十二單」，先後登臨「御高座」及「御帳臺」，重現了千數百年前的日本之一場面。日本各報在解說欄內尚謂：「黃櫨染御袍只限於天皇專用，其布地織有桐、竹、鳳凰、麒麟圖樣，係以漆科黃櫨樹之結實染成紅褐色，此色相傳爲太陽昇至最高時所呈現者；亦緣於中國用以象徵皇帝的『中原之鹿』的膚色而起。」

這是自明治、大正、昭和三代天皇均在京都舊皇宮即位以來的，第一次在東京皇城內舉行的天皇卽位大典；也是「新憲法」將天皇定爲「象徵天皇」後的，第一次的象徵天皇即位大典。明仁天皇對這一點也宣稱了他的誓願，他在「御高臺」上信誓旦旦地致卽位辭稱：

「余誓必遵守憲法以赴事功，俾克盡身為國民統合象徵之任務。」

明仁天皇於完成卽位大典後，繼於當月二十二、二十三兩日又舉行了「大嘗祭」的祭典。

按「大嘗祭」係以天皇神話將天皇神格化而屬於皇室之傳統祭禮，有關此一祭典史實及其內容，大致如下列述：

一、起源於七世紀後半之天武、持統天皇時期，其目的爲強調天皇與天照大神一體化，在此一祭典中授受統治日本之所有一切權能。

二、內容爲：新天皇爲祭主，將秋收新穀呈獻於神祇與皇祖，並以新穀炊爲飯或粥，與神祇、皇祖共嘗（此卽「大嘗祭」名稱之由來），通過此項儀式，用誌感念與祝禱五穀豐登之忱。

三、明治時代頒佈之「登極（基）令」中，將「大嘗祭」明文規定爲卽位大典後必行之嚴肅祭典，予以制度化。

四、戰前軍國主義日本之《國定修身教科書》中，更謂：「大嘗祭乃敬致天照大神與天皇一體之祭典，由此明示日本爲神國之實。」

五、大嘗祭爲新天皇一世一代之初次祭典，其後卽爲每年皇室例行之「新嘗祭」，於宮中之神嘉殿行之；大嘗祭舉行時，則須建造殿、舍、屋、垣達三十九棟之「大嘗宮」。

六、日本政府對此次舉行之大嘗祭意義，全面否定了「天皇與神一體」之說，其提出之新詮釋爲：「天皇即位後，以新穀向皇祖及八百萬神祇上供，並自行進食，係爲國家國民之安寧與五穀豐登致謝兼致禱之儀式。」

日本政府舉辦天皇「即位大典」與「大嘗祭」，亦受到一部份反對勢力和極左派反對集團的抨擊。在這一期間，日本政府不得不動員三萬七千名警察來維持東京都的治安，實施檢查行人、管制交通，將以皇城爲中心的要衝區域，置於猶如戒嚴下的狀態。但縱然如此大規模戒備，在即位大典的當天，仍有市民、勞工、宗教等六十餘團體舉行了反對集會與示威遊行，更有出於極左派集團所爲的發射迫擊砲、按裝計時炸彈、放火等所謂「都市游擊戰」事件達二十八起發生。

反對者方面對「大嘗祭」的抨擊較烈，認爲神道教的宗教色彩濃重，亦隱藏有再神化天皇的謀略，違反了新憲法的「政教分離」之義。

這也正如上述「天皇在新舊憲法中的角色」一節內所指稱「天皇」二字稱號本身，就暗具神化的含義。在美國強制下，天皇雖然以「人間宣言」被脫掉了神化外衣，卻依然天字當頭，還留下一頂戴在頭上的神話帽子。大嘗祭之舉行，便足以顯露其再神化心機的一項試探亮相呢。

五、總理大臣羣像

一百零四年中首揆四十八人

一八八五年（明治十八年）底，日本的政治體制由太政官制度（設太政大臣、左大臣、右大臣）改制為內閣制度，第一任總理大臣是伊藤博文，到一九八九年（平成元年）海部俊樹出任總理大臣為止，在這一百零四年期間，一共有四十八人坐上這個高位。以第二次世界大戰終了時為界，戰前的二十九人是：伊藤博文、黑田清隆、山縣有朋、松方正義、大隈重信、桂太郎、西園寺公望、山本權兵衛、寺內正毅、原敬、高橋是清、加藤友三郎、清浦奎吾、加藤高明、若槻禮次郎、田中義一、濱口雄幸、犬養毅、齋藤實、岡田啟介、廣田弘毅、林銑十郎、近衛文磨、平沼騏一郎、阿部信行、米內光政、東條英機、小磯國昭、鈴木貫太郎；戰後的十九人是東久邇稔彥、幣原喜重郎、吉田茂、片山哲、蘆田均、鳩山一郎、石橋湛山、岸信介、池田勇人、佐藤榮作、田中角榮、三木武夫、福田赳夫、大平正芳、鈴木善幸、中曾根康弘、竹下登、宇野宗祐、海部俊樹。

這四十八人的各個在任期間，長短懸殊。前後相隔或連續組閣執政最長者有三人，計爲：桂太郎前後三次；吉田茂前後並連續共五次；佐藤榮作連續三次，在任期間均達七年以上。其組閣僅似曇花一現，最短命下臺的亦有三人，計爲：東久邇稔彥、石橋湛山、宇野宗祐，爲期不足或稍逾兩個月。

總理大臣位高勢強望重，固能滿足政治家們追求的權力慾與榮耀感，但在戰前要想取得此一職位，不僅須具備人事背景、經歷抱負等卓越條件，似乎還需要先有不怕橫死的勇氣。戰前的二十九人中有六人（伊藤、原、高橋、濱口、犬養、齋藤）是遭暗殺而死；兩人（東條、廣田）被處絞刑；一人（近衛）自殺；另三人（田中、岡田、鈴木）一以賴有隨員制服持刀暴徒；一以賴有替身代爲犧牲；一以賴有司機開車走避，而始能死裏逃生。到了戰後，此一危險性大見減退，截至目前只有岸信介曾受刺傷腿部，且幸而生命無恙。另有三木武夫亦曾受徒手襲擊摔了一跤。陰暗的暗殺行爲之消除，表徵出了日本政治上的進步，其主因應歸功於戰後所建立的民主化政制，已杜絕了軍國主義重現之路；那些寄生於軍國主義外圍的各類右派暴力集團亦難有憑藉了。

戰後的總理大臣，不僅是生命的安全性增高，而且權能也增高了。就舊、新憲法以觀戰前與戰後的總理大臣職權，實有極爲明顯的差異對比。

舊《大日本帝國憲法》的重點，全放在如何神化天皇及其對臣民統治權與對陸海軍統帥權上。有關行政部份，在第一章第十條中規定天皇決定行政各部官制與文武官薪俸以及文武官之任免；第四章第五十五條中規定國務各大臣責在輔弼天皇及副署所有法律勅令詔勅，但對總理大臣之職稱權限，則並未道及一字。總理大臣身爲國務大臣之一，與其他各國務大臣同等，均由天皇任命，此一職稱係依據先後公佈之「內閣職權」與「內閣官制」產生，其最大的弱點是無權罷免其他大臣；且更困擾於統帥權直屬天皇，牽引出陸海軍大臣是否隸屬內閣之下須聽命於總理大臣的問題，故在著手組閣之際或在任中途時，如遇有大臣尤以來自軍方之杯葛，便立卽被迫陷於流產與辭職引退。此種事例，在戰前是屢見不鮮的。因是，最後乃終於導致軍部藉統帥權爲護符，飛揚跋扈，一意孤行地走向了對外戰爭一途。

美國佔領日本初期，在東京灣停泊的美方安孔號戰艦上，曾經有過關聯到上述問題的一幕問答：

美方戰略轟炸調查團團長杜李耶說：「日本政府和統帥權的關係，實在令人難以理解呀！」

被召來查詢的原日本總理大臣近衛文磨答稱：「這是日本政治組織的特性，政府對軍的統帥權不能聞問。」

杜李耶團長聽了，便聲色俱厲地加以指責說：「照你那麼講的話，難道說日本天皇和政府都只是軍部的傀儡嗎！」

近衛文磨爲之赧然，默然、無詞以對。（見NHK編著《日本之戰後》上卷）

新《日本國憲法》把舊《大日本帝國憲法》以主權在天皇的內容盡予推翻，易之爲主權在民，對總理大臣之產生程序、地位、權限都有了明確的規定。參、衆兩院制的國會議員，由人民選出；再由國會議員選出總理大臣；雖然尚須經由天皇任命並認證就職，但那只是一種形式上的「國事行爲」。

「新憲法」的第五章內列有十項條文，都是專講總理大臣與內閣職權的。第六十八條規定下總理大臣任命各國務大臣並可任意罷免各國務大臣，遂將戰前身爲總理大臣的最大弱點扭轉爲最大強點。

日本的民意調查機構、大衆傳播媒體，經常地對現任中的和期盼中的總理大臣提出評價。他們就像老師出試題似地，列成人物、識見、政策、政治實力、領導力、決斷力、思想信條、健康、清廉度等項目，再在每一項目下劃分數。政治評論家們每在揭曉結果時嘆息著說：「對這項測驗，並不敢存有何人能達成優等生分數的奢望，只要能取得六十分及格標準，就算不錯了。」

伊藤博文的第一任官銜最多

伊藤博文是在明治維新運動中奠定「明治時代」與締造「大日本帝國」架構的元勳之一。

明治維新始自一八六八年，這也是一場公卿大夫結合長門、薩摩、土佐、肥前等地方四大勢力的革命，引領日本步入現代化國家建設的開端。在此之前，其文物典章制度幾全由隋唐以來的中國導入，但自鴉片戰爭後，朝野有識之士看到中國（清朝）慘敗之因，便憬悟到非師法西歐先進國家不足以求存圖強。高唱「擺脫亞洲藩籬」的論調，遂由是而起。「明治維新」亦卽在此一思潮澎湃下，撐出了「尊王攘夷」大纛，號召打倒封建落後的德川幕府政權而誕生的。

伊藤出身於長州的武士最低級位，因緣際會，以參加「尊攘倒幕」爲階梯，靠了機智多謀而逐漸嶄露頭角，乃得以進身中樞參與大計。他深獲明治天皇的信任，大權在握，每在設計一個新權力機關時，總是先由他自己作第一任長官，眞算得上過足了官癮。所以，他擁有的第一任官銜之多，在日本政壇獨佔鰲頭。茲列舉其重要經歷如下表：

一八八四年　皇宮中新設制度調查局，伊藤本人任長官，從事整備皇室制度；制訂華族規範事宜。

一八八五年　創設內閣制度，伊藤出任第一任總理大臣；並兼任第一任宮內大臣。

一八八六～八年　主持憲法起草委員會。

一八八六年　制定帝國大學組織法。

一八八七年　制定文官考試任用法。

一八八八年　新設樞密院，伊藤本人任第一任議長。

一八八九年　公佈《大日本帝國憲法》。

一八九〇年　伊藤出任第一任貴族院議長，召開第一次帝國議會。

一八九四～五年　第二次組閣任總理大臣，主持第一次對外侵略戰爭，對中國（清朝）宣戰。

一八九八年　第三次組閣任總理大臣。

一九〇〇年　伊藤出任第一任立憲政友會總裁。第四次組閣任總理大臣。日本參加八國聯軍進攻北京。

一九〇三年　再任樞密院議長。

一九〇五年　伊藤爲積極謀求朝鮮殖民地化，出任第一任韓國統監。

伊藤曾三度遊歐，最醉心於英、德形式以擴張國外殖民地與通商市場爲支柱的帝國主義，因而極思仿效此一形式在亞洲開拓日本帝國主義的支配勢力領域，故其對中國清朝之戰爭目的，卽在於已看透了清朝的腐敗昏庸而又自大無知，可以乘機實現此一企圖。伊藤玩弄李鴻章於股掌之上所簽訂的「馬關條約」，主要內容便是要求清朝割地賠款與開放通商港口。臺灣就是這樣地於一八九五年割讓給日本，做了日本帝國主義第一個殖民地實驗區。

伊藤之出任韓國統監，也是他在「馬關條約」（馬關卽改稱之下關）中安排下的設計。「馬關條約」的第一條便是迫使清朝「承認朝鮮獨立」，將朝鮮置於任由日本擺佈的地位。他推行將朝鮮殖民地化的手法是先行締結「日韓條約」，日本得在朝鮮設置「統督府」，負責對朝鮮的保護、指導與監督。不過，他本人並未能親眼目睹到朝鮮全歸爲已有的「成果」，在日本宣佈呑併朝鮮的前一年，一九〇九年於前往俄國途經中國東北哈爾濱車站時，被一名朝鮮人安重根以手槍暗殺而死。一代權勢顯赫人物，敵不過渺小的一顆子彈而潦草終場，這自然與他在統監任內的高壓政策，如脅迫皇帝讓位、強制解散軍隊等因有關的。

伊藤未得善終尚是他個人之事，其手植的日本帝國主義亦是明治時代高唱得最響亮的「富國強兵」政策，更爲日本留下了極其嚴重的後遺症。這一個突起的帝國主義者，存有暴發戶式發狂意識，其對中國妄想獨佔的野心日熾，諸如提出二十一條要求；山東出兵；瀋陽九一八事變；上海一二八戰事；成立「滿洲國」；熱察綏戰事；以至蘆溝橋七七事變，終演爲全面戰爭……。這些性急而暴戾的無謀行動，皆係發源於伊藤手植的日本帝國主義之煽惑，事後證明既損人而並不利己，且陷日本人民於亡國邊緣。

伊藤在日本人心目中，毀譽參半。他在明治維新運動中的功績雖是不容否定的，但指摘他是徹底的機會主義者（Opportunist）與自我中心主義者（Ego-Centrie）的，則頗不乏人。此類論評資料，在有關明治時代人物歷史專著中，幾俯拾卽是。如譏稱「伊藤只是閱兵典禮式大將，虛有其表。」「平日好大言炎炎，一遇難關卽推卸責任，但求自保。」「媚上欺下，唯以功利爲念。其人爲政黨界之『路易十四』，專制主義之命令者。」（見鳥谷部春汀著《明治人物論集》，筑摩書房出版）再又有論及伊藤之性格，舉出兩事來剖析他是刻薄寡情者，一是專以幸災樂禍心態觀賞對方陷於窮境爲樂，視加虐弱者爲當然。其次是對女性之蔑視，把女人只當做洩慾的工具，到手後卽棄而不顧，拈花惹草徒爲尋求一時之歡。（見岡義武著《近代日本的政治家》，岩波書店出版）

伊藤是集酒色財氣之大成的權力者，他也並不諱言自己是此中能手。據說他親嘗芳澤的女人在千名以上。他的妻子是下關的藝女出身。伊藤自作的「有名」詩句爲：「醉臥美人膝，醒握天下權」，這恰是他爲自己的寫照哩！

桂太郎是日俄戰爭的要角

桂太郎是在「明治時代」與伊藤博文並駕齊驅的強人。兩人有若干相似之處：伊藤四次組閣主政六年十個月、桂三次組閣主政七年十個月（第三次爲明治時代告終後之大正元年）；伊藤在總理大臣任內進行對中國清朝的戰爭取得勝利，桂則在總理大臣任內贏得了對俄戰爭。這兩強人的主謀策劃與前後配合結連，促成了日本成爲帝國主義採合了軍國主義的國家，一躍而躋身於世界列強之林。

桂太郎曾留學德國專習軍事，其後並亦曾充任日本駐德使館之武官，對德國軍制頗有精湛研究。他將日本原係採用法國式的軍制改變爲德國式，主要爲著重於加強適合大陸野戰軍的攻勢訓練，他早就料想到異日對中國、俄國必有軍事行動，這是一項機先準備。當日本發動對中國清朝戰爭時，他任第三師團長，在實地作戰經驗中，也對軍制改革獲得肯定的答案。

桂曾連任伊藤博文第三次內閣；大隈重信第一次內閣；山縣有朋第二次內閣；伊藤博文第四次內閣的陸軍大臣，合計達四次之多，在他個人聲望與軍人發言權逐漸增高的情況下，猶如水到渠成，便很輕易地坐上了總理大臣的位子。在他之前雖然已有過軍人如山縣有朋組閣之先例，但山縣畢竟是擁有軍、政界元老的二重身分人物；桂則爲純軍人色彩，且屬於世代交替中的新生一代，若就此點而論，桂之出任首揆實開爾後軍人掌握政權之先河。

軍人掌握政權的傾向，易於流入軍國主義化而不自知。軍國主義並非單指擴充軍備予以判定，乃是決定國家的最高政策措施，全受軍方意向左右，始爲軍國主義的內涵。

日本軍人蓄志對俄戰爭已久，代表了軍方的桂內閣，所負任務卽爲如何佈署發動並贏得這場戰爭。

按日、俄之對立，始自雙方均覬覦中國東北與朝鮮而競謀攫取權益，其結怨最深的事件，則是由李鴻章與日本簽訂的「馬關條約」而起。原來李鴻章在該喪權辱國至極的條約第二條中，已明明白白地承認了將臺灣、澎湖島以及大陸的遼東半島一併割讓給日本。此一講和條約簽訂公佈後，正虎視眈眈的俄國立卽聯合德、法兩國向日本提出了勸告，認爲遼東半島如爲日本所有，則對鄰近之北京首都威脅過大，有礙於維持遠東和平云云，因而要求日本將其歸還清朝；一方面，俄、德更同時集結其東亞地區艦隊，堂堂擺出了軍事壓力的姿態，嚴陣以待日本答覆。日本爲此召開「御前會議」，討論了三個對策案：一是不惜一戰，斷然拒絕干涉；二是召開列國會議商定處理辦法；三是接納三國勸告，將遼東半島歸還清朝。結果是：衡量了自身力量不足以對抗三國，只得屈從採用了第三個對策案。這就是日本朝野一致痛恨的所謂「三國干涉」，無疑地，此一史實正好被利用爲煽動仇俄的最佳宣傳資料。從小學的教科書做起，凡是有關歷史教材的著述，都塡入了這段記載，造成舉國對俄的敵愾心。

就當年的日、俄國力來較量，日本並無把握勝算的優勢，毋寧說還要相形見絀的。但桂太郎以其銳敏的國際感覺洞察力，著實發揮了他的外交識見才能，針對英國竭謀牽制俄國稱霸亞洲的內心，在其對俄戰爭前的重要佈署中，終於達成和英國締結日英同盟條約的願望。桂有了這樣一個後盾，便卽時將第三期海軍擴充計畫送交議會，決定下對俄作戰的里程表。

世論每謂日本如無日英同盟之助力，卽無勝俄之可能，這亦並非過言。試看當日本於對俄戰爭陷於財政窘困之際，曾四度在倫敦、紐約發行八億元公債，既得英方之支持；亦藉英而又得美國之後援，便是明證。所以也另有一說：認爲日本之對俄戰爭本質，亦無異於爲英美保全在亞洲權益的「代理戰爭」。

日俄開戰前，也還經過一段互施緩兵之計的外交交涉。在交涉中有一明顯現象，那就是雙方都目無中國，對中國的東北地區只口口聲聲地、字字句句地以「滿洲」如何如何，作爲相爭的用語。例如桂太郎與外相小村壽太郎擬定的五條對俄最初提案中，最暴露的第四條內則尚有派兵問題，謂遇有須鎮壓當地之叛亂時，日本得派兵至朝鮮；俄國得派兵至滿洲。

日俄兩國打仗乃是在第三國中國的領土上交手決了勝負的，這不能不算是世界戰史中怪異的一頁。桂太郎能適時地請出美國從中斡旋日俄講和，乃定下了日本成爲戰勝國的地位。其所得到的戰利品除俄屬庫頁島南半部外，尚有涉及中國的領土——此即老奸巨滑俄國當年迫使日本將遼東半島交還清朝，卻又轉回頭來向清朝強索酬勞而得以租借的旅順、大連以及在東北地區鋪築鐵路的利權。提起來令中國人氣短：遼東半島的命運從最初便等於是淪爲非屬俄即屬日的俎上肉，但卻又白白地在當年「交還」代償名目下，被日本又多敲詐了白銀三千萬兩。

日本雖戰勝俄國，由於俄方堅持寧願再戰亦不肯付出賠償費，則並未得到俄國的半文錢。日本何以會如此遷就隱忍，那也是桂太郎的智見，他深知日本的國力已臨疲竭之境。

中國的知名「日本通」戴季陶考試院院長，在其所著《日本論》一書中，特專撰「桂太郎」一章，對桂推崇備至，稱之爲「最有能的軍人政治家」，並舉其締結日英同盟、戰勝俄國之成果爲「震撼世界之偉觀」。

戴院長在該文中還公開了國父孫中山總理與桂太郎之間爲外人所不知的深情機密。這段秘話是在桂太郎逝世，歐戰勃發，日亦已對德宣戰後，孫總理始向最親信同志透露的。那是在一九一三年春間，孫總理專程訪問日本，戴院長以秘書名義隨行擔任翻譯。在訪日四十天期間，孫總理與桂太郎曾作兩次合計長達十五、六小時的秘密會談。兩人情投意合，暢所欲言，桂向孫總理傾吐其胸中抱負，有四項要點謂爲：

一、日本已利用英俄在亞洲之利害對立，得以與英締結同盟而擊敗俄國，但此後形勢則已轉趨爲日英敵對關係，日須加強聯繫德國以日德同盟取代日英同盟，俾期以打倒英國霸權，保持日本活路及東方安泰之局。

二、中國、日本、土耳其、德國、澳洲宜結爲五國同盟，以解決世界問題。如是，則日本應以全力向美、澳方面求發展，不容採取侵略中國之下策。

三、袁世凱終必爲孫先生及民國之敵人，惟權衡得失，現尚須避免與其衝突。此時宜照孫先生之構想，專心致力於完成中國鐵路網之建設，本人願積極予以援助。

四、今世能抗英國並倒英國者，唯有本人、孫先生與德國皇帝我等三人。

桂太郎的傾吐，確有不同凡響的氣概，可是在他與孫總理的兩次密談後，其第三次組閣僅爲期五十日便被迫下臺，八個月後他本人也壽終正寢了。戴院長文中也曾提到孫總理在接到桂太郎訃報時嘆稱：「在日本已沒有可共談天下事的政治家了！今後也不能再期待日本改善東方政局了！」

田中義一爲「九一八」鋪了路

田中義一陸軍大將的名字爲中國人所熟知，此無他，數一數吧：「山東出兵」呀；「東方會議」呀；「田中奏摺」呀……都是他一手幹下來的，刺激中國人太深了。

按日本政府自明治時代以迄昭和二十年（一九四五）期間，始終都是以致力「富國強兵」政策獲利，因而食髓知味，就一心一意地只顧對外擴張，並且對準了中國大陸方向，得寸進尺，貪而無饜。在此一大前提下，歷屆總理便自然而然地把如何執行既定的侵華計畫，視爲第一優先要務。容或在作法上與想法上，不免有因人因時因地因勢的剛柔輕重緩急之別，亦只不過是主張蠶食式漸進與鯨吞式暴進的差異而已，共同目的則是一脈相承的。查一查看戰前二十九名總理大臣的侵華言行，都有紀錄可稽，那個也逃不掉。最露骨放肆而毫無忌憚的，當屬田中大將爲其中之首魁。

田中所嫉視懼見的是中國之統一，他爲了要阻止及破壞統一之出現，也敢於明目張膽地不擇手段，而中國卻又偏偏不爭氣，墮落無恥的軍閥們，也一再向他提供了讓他施展的機會和場地。

中國國民黨所領導的國民革命軍，於一九二六年自廣東出師北伐。這是一支信仰三民主義有革命思想的軍隊，也是自鴉片戰爭以來眞正地代表了中國覺醒人民的新生力量。其正氣凜然的兩大號召是：對內要打倒禍國殃民的割據軍閥；對外要抵抗陰謀瓜分中國的帝國主義列強。深受全民之擁護，故能以破竹之勢節節勝利，以不到一年的時間便平定了長江流域以南地區，建立國民政府於南京。當年的老牌帝國者握有最多侵華既得權益的英國，面臨此一情勢最爲心虛惶慮，曾向日本提議對中國共同出兵壓制，其時日本若槻禮次郞內閣的外相爲幣原喜重郞，此人爲了怕失去日本輸往上海的最大紡織品市場，在他出任加藤高明內閣外相時，就已定下了不干涉中國內政的溫和外交政策，因此乃毅然拒絕了英國所提出兵建議。本來，日本此擧明智，大可沖淡中國反日情緒並可趨向睦鄰友好之途的，但爲時僅是白駒過隙，緊接著繼由田中義一組閣，且自兼外相，並起用大陸浪人型的森恪爲外務次官，他首先推翻了幣原的對華「溫和外交」，另行擺出一副猙獰面貌。從此之後，中日兩國之間便釁端迭起而迄無寧日了。

田中內閣打出了對華強硬姿態後，受到鼓勵而猖獗起來的有兩類徒眾：一是少壯軍人輩；其次是大陸浪人輩。

大陸浪人是日本侵華行動中的特殊產物，可稱之爲侵華的便衣隊，包括有各種各樣身分，他們多半是來自民間社團如「黑龍會」、「玄洋社」、「猶存社」；田中親自組成號稱三百萬名的「在鄉軍人會」；直轄軍部或外交的情報特務機關，以及個別的御用學者、流氓政客、工商首領等等分子。

這兩類徒衆配合著侵華路線，各專從事調查研究、販賣軍火、商品走私、滲透顚覆、煽惑收買、挑撥離間、製造糾紛……，充任了不同的、有力的幫兇爪牙，怙惡不悛。

田中的所作所爲，留下了難以洗刷的侵華汚名，有下列三端：

一、山東出兵：一九二七年五月間，國民革命軍北伐已越過徐州進入山東境內，田中藉口保僑下令出兵山東。田中之作此決定，實亦係根據駐瀋陽總領事吉田茂(卽戰後之一總理大臣)的建議而發，吉田稱：「張作霖並無對抗革命軍之勝算，如歸失敗，則東北難保安定。此際宜與列強共同出兵，先行佔領津浦線、京漢線、膠濟線，俾介入政局，迫使南北軍雙方停戰。」田中也照吉田建議籲請英國一致採取行動，這次卻和幣原外相時代的情形正相反，遭到英國拒絕。於是，田中乃悍然逕行單獨出兵。

一九二八年四月間，重整旗鼓繼續北伐大業之國民革命軍又已進入山東境內，田中重施前技，下令第二次出兵山東。此次動員了海陸大軍及航空隊，配備了坦克大砲，係以如臨大戰之陣容開赴濟南。由於日軍蓄意尋釁，遂終於與入城之國民革命軍發生衝突，造成流血的「濟南五三慘案」。日軍以大砲轟擊、飛機轟炸而佔領了濟南。

事後發現日本在青島駐軍與軍閥張宗昌的參謀長金壽良早已簽訂了密約，內容是：日軍負責將國民革命軍驅逐於山東境外，其代價是須將青島及膠濟鐵路交與日方支配。

二、東方會議：田中以首揆兼外相之身，於一九二七年六月在東京召開「東方會議」，出席者計有外務次官森恪、陸軍次官畑英太郎、海軍次官大角岑生，駐華公使芳澤謙吉，駐瀋陽、上海、漢口總領事的吉田茂、矢田七太郎、高尾亨，關東長官兒玉秀雄，朝鮮總督府警務局長淺利三郎，關東軍司令官武藤信義等，從這一集外交、軍事、殖民地行政負責人於一堂的名單，而又以「東方」為名來考量，即可窺知其針對中國居心叵測。

此一會議經過長達十餘日之研討，通過了照田中意旨所制訂的「對支那（中國）政策綱領」，共有八項，其內容除竭力強調日本在東北及蒙古地區具有特殊權益與地位外，最重要的是第五項和第八項規定遇有動亂危及其權益地位及僑民生命財產時，日方有斷然起而「自衛」的決心。顯然這是一貫的恫嚇威脅方式，圖以「自衛」掩飾其軍事行動侵略性的論法，實際上則等於自我供認了公然蔑視中國主權、竊奪滿蒙的野心。

田中在該時期任用為「滿鐵」副總裁的松岡洋右，曾體會田中心機製作了一個大受田中讚賞；亦為日本傳誦一時的口號：「滿蒙是日本的生命線。」

三、田中奏摺：一九二九年十二月，在南京出版的《時事月報》雜誌刊出了田中於一九二七年七月二十五日呈給裕仁天皇的所謂〈田中奏摺〉。全文長約四萬字，詳細地說明了⑴滿蒙土地（指奉天、吉林、黑龍江及內外蒙古）之廣，三倍於日本，其豐富的資源，為世界所罕有。⑵日本為開發富源，促成帝國永久之繁榮計，投資於此一地區之鐵路、海運、礦產、森林、農畜業者已達四億四千萬元之鉅。⑶設有「南滿洲鐵路株式會社」並賦予特權，寄望於形成第二韓國統監之功用。⑷當今阻撓日本取得滿蒙者厥為美國，未來之日美戰爭一如往昔之日俄戰爭，勢將難免……等點。文內最震動世人的狂妄語句是：「如欲征服支那（中國），必先征服滿蒙；如欲征服世界，必先征服支那。」

日本方面都一致聲稱此一文件是出於偽造；戰後在遠東軍事裁判戰犯的法庭上，田中內閣時代的海軍大臣岡田啟介、瀋陽領事森島守人等也都出庭作證，認為並無其事。

但從該項奏摺文件的時日來分析，恰是田中召開「東方會議」閉幕之後不久，會議重點即為積極推展侵佔滿蒙方針，其對天皇上一報告也是理所當然之事。要而言之，不管文件是真的也罷，偽的也罷，其後的日本行動史實如「九一八事變」、「成立滿洲國」，都符合了

「田中奏摺」的內容，則是眞的。田中在其侵華里程上，早已鋪了走向「九一八」型的道路。

近衛文麿縱容「七七」的蔓延

近衛文麿的名字，對中國人來說，也不陌生。他在日本侵華戰爭中發表「不以國民政府為對象」的聲明，是出了名的。

近衛以四十幾歲的年紀，並無政治實力與實際經驗的外行人，曾先後出任過貴族院、樞密院的議長和三度組閣的總理大臣。這一連串的高官職位頗似明治時代元老伊藤博文的經歷，但兩人最大的不同處是：伊藤係以一介武家小卒闖創時勢得來；近衛則像只是坐在家裏簽收送上門來的禮品一樣，不費力氣就能順便到手。這一現象乃是戰前封建的天皇制國家政體所特有，近衛出生於世襲而最接近皇室的公卿貴族之家，他靠了這樣一個有力的背景，一經元老推薦，天皇點頭同意，便可從後臺被捧出來高高在上了。

大概也正因如此，在他眼中那些官職並無魅力，所以對權位也不甚熱中或戀棧。當一九三四年「二二六事件」發生後，日本政情不安，元老西園寺公望提名近衛並已由天皇正式任命組閣，而他則以健康不佳難以勝任爲由，堅決地兩度婉辭。這在日本內閣政制史上，能以恬淡心態請辭天皇之任命者，尙以近衛爲第一人。他的聲望，也因此舉引起大眾的注意而突形增高。故其後當近衛於一九三七年六月間決定奉命第一次組閣時，各方對其殷切期待之佳評潮湧，甚至那位素有言論界泰斗之稱的德富蘇峰卽曾撰文謂：一般國民對近衛出任首揆一職，咸有撥雲見青天之感云云，都不惜把他捧過了火。

可是，近衛上任剛過一個月，便爆出了中日兩國之間的「七月七日蘆溝橋事件」，亦卽爲「未經宣戰的戰爭」。被歌頌爲「撥雲見青天」的近衛內閣，一轉瞬間卻步步跌入中國大陸的泥沼了。

例如近衛內閣於七月八日尙以「不擴大主義」來搪塞，及十一日則又閣議通過派兵三個師團開往天津，並將中日之軍事衝突稱爲「北支事變」；入八月後，更在上海挑起戰火，十三日閣議通過派兵兩個師團開往上海，十七日閣議決定放棄不擴大方針，九月二日將「北支事變」之名稱改稱爲「支那事變」。從此，卽導向侵華之全面戰爭，不知伊於胡底。

近衛內閣實在是有計畫地故意縱容著「七七」的蔓延，眼看著讓它形成爲星火燎原之勢。這樣做，才能以制定的〈國民精神總動員實施要綱〉、《國家總動員法》，把日本全體加工爲戰爭狂人。《國家總動員法》的第一條規定稱：「本法所稱之國家總動員，係指在戰時（包括相當於戰爭之事變情況在內，以下同此）爲達成國防目的，有效發揮國家全力而統制運用人力物力資源而言。」其在括弧內所加之註釋，很明顯地是專對「北支事變」、「支那事變」而發，表示出要以此法對付中國的。當此一法案提交議會時，還有一段醜像演出，社會大眾黨議員西尾末廣爲向近衛獻媚，發言謂：希望近衛要做一個像希特勒、像墨索里尼、像史大林一樣地充滿信心的領袖。結果因多數議員們不滿西尾所說「像史大林一樣」的譬喻，開除了西尾的議員資格。

「不以國民政府爲對象」的近衛聲明，是在日軍佔領南京後的一九三八年一月十六日發出的。曾任近衛一次內閣書記官長、近衛二次內閣法務大臣的風見章，在戰後有過沉痛的感慨謂：「不以國府爲對象的聲明，是國家、近衛本人所不可挽救的失敗。如果說日本民族今天遭遇的不幸，是由於此一聲明開始招來的，亦非過甚之辭。」近衛本人的遺書中亦稱：「我在支那事變後，犯了很多的政治錯誤。」

近衛的一高、京大時代同學後藤隆之助，是近衛支援的「昭和研究會」主持人。此一研究會係類似近衛智囊團的組織，有很多知名的學者專家參加，在分組研究中特設有「支那問題研究組」。據後藤隆之助日後憶談（見酒井三郎著《昭和研究會》一書）所稱：他和該會委員蠟山政道教授，以及陸軍省第一作戰部長石原莞爾、內閣書記官長風見章等，在「七七」

波及上海時，都曾建議近衛應嚴阻日軍進攻南京，並由其本人逕飛南京與蔣委員長坦懷商談解決辦法，近衛對此亦已極表同意而急求一試，但終因軍部作梗，未獲實現，而且還正相反地發表了「不以國民政府爲對象」，陰差陽違，以至於如此顚倒是非。

近衛有過三次像這種意圖「逕飛」對方國都與其最高首腦舉行會談，以謀打開途徑的計議，上述想飛南京的一次是第一次；第二次是在一九四一年十月間，第三次近衛內閣任內之日美交涉陷於僵持，他想「逕飛」華盛頓與羅斯福總統舉行會談而未果；第三次是在一九四六年春鈴木貫太郎內閣成立後，他想以特使身分「逕飛」莫斯科與史大林晤商，懇求蘇俄出面調停結束戰爭而被拒，均歸於奇想幻象式的流產。

近衛畢竟是在貴族溫室中長大的，日本各界對他的性格分析，如謂：一致認爲他優柔不斷而無定見，動輒以辭職爲恃，缺乏責任感……等等，這都是那個環境溫室培育出來的表徵。元老西園寺公望的親信秘書原田熊雄，閱歷過首相級人物很多，他對近衛的批評是：「猶如富士山，遠觀確極具崇高之美，但試一登臨作近距離之俯視，則見棄置之報紙、空罐垃圾遍處。」另外有一位專開首相座車的司機柄澤好三郎其人，應NHK取材班之請，記述而成《車內鏡證言》一書，吐露其服務過二十位首相的日常言行狀態。他對近衛的印象是慣於拖延登車啟行時間，使司機爲趕路而心急不安，並舉一例謂：某日赴樞密院會議遲到，當近衛知悉天皇已早進入會場時，竟不進會場而令司機駛向郊外高爾夫球場打球作樂。這位司機卽以此事來說明近衛之任性與無責任心。

日本敗降後，近衛出任過東久邇宮內閣的國務大臣，還和盟總最高司令官麥帥晤談過，並已着手草擬改憲事宜，但旋踵間卻又被盟總指命爲甲級戰犯而要下令逮捕了。他在這一突變之際，曾嘆稱：「自己在戰時被譏爲軟弱分子；戰爭末期又被指爲和平主義者；戰後則又被稱做戰犯了。我眞是命中多舛之人呀！」

最後，近衛以吞服青酸加里，結束了他的一生。他也代表了日本世襲貴族制的終止，戰後的所有貴（華）族銜子都在盟總一聲令下全被抹消了。

吉田茂一手訂下講和安保條約

吉田茂從出任駐濟南領事的壯年期起，到老年期出任總理大臣以及其在野期兩度以「吉田書簡」方式為中日兩國解紛為止，可謂自始至終都脫不開他與中國之間的關係。他在駐瀋陽總領事任內，更參加了田中義一內閣所召開以侵華為主題的「東方會議」，獻策甚多；其後並亦曾出任田中內閣的外務次官，也算得上是日本侵華先鋒隊中之一員。不過，由於他的背景是以岳父牧野伸顯為靠山，這是軍部所排斥且極思除之而後快的親英、美派人物（二二六事件中牧野即為受狙擊之一人，僅以身免），因此吉田亦並不為侵華主力之軍部所喜。故當一九三六年三月廣田弘毅組閣時，原已內定吉田為外務大臣，終以軍部堅決表示反對，才不得不臨時將他改派為駐英國大使的。

吉田在駐英大使任內耳濡目染英國文物制度，默察體會歐美大勢，對他個人來講，則是充實修養智見的一段韜晦時期。他自英退居國內後，能在戰爭末期不避艱險而致力於謀和運動，便是得之於那一段時期自我琢磨成熟了的高瞻遠矚。他曾一度被軍部逮捕入獄，獲釋後不久，已是二次大戰的結束，他反而藉此取得最有利條件的政治資本。在戰後的第一任內閣東久邇宮內閣；第二任內閣幣原喜重郎內閣內，他都成爲被爭取的外務大臣，大有此一職位非他莫屬的架式。

事實上，此一現象亦是時勢所使然。當時是美國佔領軍的天下，一切都必須以盟總的可否爲依歸，以往越是有高地位與資歷的知名之士，不是重則被指爲戰犯，便是輕則遭受整肅，能像吉田所具備上述那種有利條件的人，乃是鳳毛麟角的存在。吉田走上了亨通老運，意料不到的機運逼人而來，他由外務大臣又一躍而爲戰後第三人次的總理大臣了。

本來應繼幣原內閣出而組閣的自由黨總裁鳩山一郎，在正要着手起步當兒，卻突然因其戰前著書中曾經讚美過希特勒與墨索里尼而被盟總下令整肅。鳩山陷於走投無路絕境，便再三懇請吉田作他的替身。吉田於半推半就中提出了三項條件：⑴人事由本人全權處理；⑵不負黨內經費之籌措事宜；⑶遇必要時得隨時引退並予璧還。鳩山迫於無奈，遂一一允諾，作爲兩人之間的一場政治交易協定。

吉田自一九四六年五月二十二日起第一次組閣，中間除經社會黨片山哲聯合內閣、民主黨蘆田均內閣兩短期內閣外，又於一九四八年十月十五日起直至一九五三年五月二十一日期間連續四次組閣，綜計執政共達七年兩個月之久，他是從明治憲法政治體制進入昭和新憲法政治體制的體驗者；也是從美國佔領軍管制下政治體制進入和約生效後恢復獨立政治體制的體驗者，這是一種含辛茹苦的磨鍊，講和及安全保障條約，都是他洞察美蘇冷戰而善於運用外交手腕所成立的，也就是說由他一手奠定了日本戰後重建的基礎。特別是「安保條約」被稱爲吉田的眞知灼見之作，他認定了日本已是美國的世界戰略之一環，唯有安全保障依存美國，始克優先復興經濟。一九五一年九月八日在舊金山簽訂和約時，同時亦簽訂了安保條約。和約是由日方吉田領銜及全權代表全體簽署；吉田爲了要表示由他一人負歷史責任，只由他一人簽署安保條約。

韓戰是講和、安保條約的催生劑，日本國內對這條約的簽訂則有強大的左派反對勢力，「進步文化人」所高唱的「全面講和論」洶湧澎湃，吉田以其獨裁作風，在國會裏直斥其爲「曲學阿世之輩」、「不切實際」，毫不退讓地充分發揮了他獨斷獨行的霸氣。人們多以「獨夫」(One Man)綽號稱呼他，卽由於此。吉田在其五次組閣中，曾藉「新憲法」所定總理大臣職權而任用了極多名大臣，一般人也都譏稱其「製造了八十個大臣」。

吉田爲了預防國會、民間對兩條約的反對阻力，他也玩弄了文字上的魔術。舊金山和約第三條第二項規定「和約成立後，所有之外國軍隊須行撤退」，可是有一「但書」則謂：「但締結此一條約一方之A國，如對他方之B國希望其繼續駐留軍隊時，不受此限。」此處不寫明「日本、美國」而代之以「A、B國」，並加「如」字樣，這就是一大緊要玄機，蓋意在「假定如何如何之問題，不能審議」；吉田在國會內對來自反對黨所提之假定式質疑，向來是以「假定的問題，不能作答」來作答的。

吉田之能維持長期政權，不能否認的是他得力於盟總麥帥對他個人的信賴與支持。吉田平日慣於作幽默的笑談，他的這一點功夫卻格外地撮合了麥帥對他的好感而意氣相投。吉田的次女和子在朝日新聞社編印的《吉田茂寫眞集》中曾撰有〈憶念父親〉一文即論及此點，她是這樣寫的：

「有一天，父親回到官邸笑嘻嘻地問我：『你看見過獅子的笑容沒有？』據說每當父親與麥帥晤談時，麥帥在他的大辦公室內常會大濶步地走來走去，邊走邊談。那一天，麥帥講話有些激動，又開始了大濶步地走來走去。父親看到這一動作忽然想像到動物園的獅子在鐵檻內蹥來蹥去的那種情景，不禁笑出聲來。麥帥面露不快，厲色責問何以發笑？父親雖然覺得失禮，但亦無所畏懼地坦然告稱：『老實講：我感到好似在獅子鐵檻內聽訓似地，因而便忍不住發笑了。』麥帥是第一次接觸到敢於如此不遜的日本人，最初不免為之一愣，且怒目相向，但繼而一轉眼間，他自己亦大笑不已。

自從經過此一回合，父親和麥帥之間便開始萌生了友情。類似這種出於父親之口的幽默笑談，頗獲衆人們的喜愛，並且多次亦有賴於此而安然度過了難關和危機。」

還有，這也是見於若干書刊中有關吉田與麥帥的談話記載：某次麥帥對吉田詰責日本政府的統計數字未臻確實，吉田當場的回答乃是：「正因爲統計不確實，所以才會從事那次無謀的戰爭；如果能確實的話，勝利早就該屬於日本，而非美國了。」妙語如珠，大合麥帥口味。

吉田老年矍鑠，雪茄煙不離嘴，再加上和服配白布襪，構成了他的人物特徵。他不管在任何場合，總是喜歡以說俏皮話來增風趣的。有次與財界巨頭聚晤，人們向他請教長壽秘訣，他先以嚴肅的表情說：「我的食物與衆不同」，大家靜聆他的食物究爲何品時，他說：「我是靠吃人過活的。」更有一次是，他和裕仁天皇在皇宮的觀菊會上相見，裕仁天皇與他閒談問起：「大磯（吉田所住之地）的氣候大概暖和些吧？」他也不放棄以詼諧逗樂的機會在說：「是比較東京暖和些，只是我的懷中冷了些呢。」日本的「懷中冷」一語是被解釋爲缺少零用錢的世俗成語，吉田能隨機應用，證明了他確有幽默笑談的一些急智。

吉田自政壇引退後，他所培育的親信幹部如池田勇人、佐藤榮作以及把後起的田中角榮、福田赳夫、大平正芳、鈴木善幸等人計算在內，皆一序列地出任了總理大臣，他也眞稱得起是日本政治舞臺上演連續劇的一位大編導家。

所謂「吉田書簡」，一時成爲吉田擅長專用的外交手法與專門名詞。他對中華民國使用此一手法，是在舊金山和約之後，他致函美國務卿杜勒斯言明要和在臺灣的中華民國締結和約。但這位老獪外交家吉田，還是以「適用範圍」留下了一手。第二次使用則是在池田內閣期內發生了周鴻慶事件及日本以整套工廠售予中共之故，中日邦交瀕於破裂時刻，他在書簡中許下了「下不爲例」的諾言，緩和了僵局。吉田本人且曾以在野之身親來臺灣會晤蔣總統，爲他活到九十歲去世前做了最後一次的外交折衝。

吉田是戰後日本政治家中獲得國葬之一人，這也是由於當時的總理大臣恰是被稱爲「吉田學校優等生」佐藤榮作之故。蓋棺論定，關於吉田的人物像，日本東北大學政治學教授大嶽秀夫曾有極深刻的評語，他指出了吉田的「反共」與「反戰」的出發點，尚須加以澄清：

一、吉田的反共傾向，跟戰前權威主義的反共主義是同一模型，只認爲共產主義是反天皇制的危險思想。他本人雖自命爲自由主義者，卻並未理解到自由主義的反共主義乃是因爲共產主義不承認政治的自由。

二、吉田的內心有濃厚的「大日本帝國時代意識」，並不將戰爭手段視爲惡事。如果是爲了擴大殖民地的利權而動用武力恫嚇，他會毫不猶豫地予以贊同。他所反對的戰爭，只是從事於沒有勝算的戰爭。

岸信介、佐藤榮作是兄弟宰相

岸信介、佐藤榮作是戰後日本的兩位總理大臣，眾人皆知他二人爲同胞兄弟，但姓氏不同，日本以外的人們卻未必清楚他們這種骨肉之親。說起來，岸與佐藤之異姓，其中也有一段不同於日本社會一般的習慣緣由，饒富趣味。原來他們的父親佐藤秀助係由岸家來佐藤家做贅婿，娶了佐藤家的千金小姐茂世而改姓佐藤的。這位茂世小姐本有兄弟，按照普通常理來講，並不需要招贅婿，可是由於她特受祖父寵愛，老人家不願她離家出嫁，才一反慣例而出於此舉。而佐藤秀助爲了要延續其在岸家的血統繼承，則又將次男信介送回岸家做養子，使其恢復了岸姓。這樣地一來一往，兩全其美。

佐藤秀助與茂世共生有三男七女，岸信介行二；佐藤榮作行三；老大佐藤市郎習海軍，官階至中將；老二、老三哥兒倆則先後出任總理大臣，開了日本內閣制政治史上的初例。其出生地與選舉區之山口縣，到一九九〇年爲止，已誕生了計有伊藤博文、山縣有朋、桂太郎、寺內正毅、田中義一、岸信介、佐藤榮作等七名總理大臣，這山口縣一帶卽當年支持明治維新的最大勢力長州藩閥根據地，把握權力中心，有其歷史的淵源。

岸曾在僞滿洲國任「實業部次長」、「總務廳次長」；佐藤亦奉「興亞院」之命在汪僞政權供職於「華中鐵路公司」，單就中華民國的對日關係論，凡有此類「資歷」的人，必然是被列爲最不受歡迎的對象。而岸與佐藤則均以在任中的日本總理大臣身分專程訪問了在臺灣的中華民國，贏得信任與尊重，且亦實際地雙方闢建了並肩反共途徑與文經合作措施，這是近百年來中日邦交史上僅有的敦睦友好成果。

岸、佐藤兄弟在其政治生命中，同有能扭轉逆境而化險爲夷的強運。日本政界中人常以這兩人否極泰來的運勢爲話題，名之爲「不可思議的奇蹟」。岸自己亦謂：「我一半靠能力，一半靠運氣。」佐藤對其長期主政能達七年八個月之久，亦曾作過同樣的感懷。

岸是東條英機內閣的商工大臣，在對美宣戰的詔書上亦爲赫然簽名之一人，戰後被盟總指名爲與東條同一分量的甲級戰犯。到後來，東條被處絞死；岸呢，卻反而一變而爲受讚賞的有功者，絕處逢生。根據美國方面的解釋：「當塞班島陷落後，東條企圖改組內閣以加強戰備，岸則以辭職手段推翻了東條政權。這一著使東條所堅持的本土決戰計畫歸於泡影，不僅日本數百萬人免於死亡；卽美國亦得以免於犧牲數十萬士兵，兩者均受其惠，實爲一大功績。」就這樣，岸獲得無罪釋放。迨和約生效，他又得以解除整肅，便開始重新展向政治活動了。

佐藤在吉田茂任總裁的自由黨內擔任幹事長時期，因接受造船工業會及船主協會對自由黨的政治獻金，被檢察廳認定爲與政府改訂利息補貼法有關請託的收賄行爲，且經報紙大肆報導，檢察當局的連續訊問，眼看佐藤已面臨被逮捕起訴的危境，要不是吉田首相嚴命法務大臣犬養健發動指揮權平息的話，那佐藤就根本斷送了政治前途，只能銷聲匿跡以終了。

日本名政論家楠田實，有一年初正到岸家拜年談起爲政之道，岸對楠田說：「一個政治家想出人頭地有所建樹，固然是事在人爲，亦要得自天命。」此語足以代表他們兄弟所持「強運」的理念。

一九五五年是日本自由黨與日本民主黨聯合併爲自由民主黨（簡稱爲自民黨）以鞏固保守政黨政權之年，岸由原日本民主黨幹事長轉任爲自民黨的初代幹事長。在翌年競選總裁的激戰中，他雖以七票之差敗於石橋湛山，而屈就了外相，但僅隔兩月餘後，石橋卻不得不以病請辭，讓他像順手牽羊似地將總裁總理一齊接到手裏。這也就成爲人們說他強運的一個例證。

岸在任內完成的一件大事是改訂日美安保條約，其內容不同於吉田內閣時代的如：規定日本的防衛義務限於憲法範圍；削除內亂條項；基地使用之事前協議，以及期限等等，把美日間的若干不平等性，拉近於平等性，照常理講應是恢復獨立後的日本國民所樂於接納的。無奈正值共產國家陣營煽惑反美運動的高潮期，日本國內左派政黨社團，益有以大學生爲主體之新興組織「全學聯」乘機發動大規模的「反安保示威」如火如荼，使首都東京已陷於暴亂邊緣。最嚴重危急的時刻是新安保條約自然成立的前夕──即一九五五年六月十八日，包圍國會與首相官邸的羣眾達十餘萬人。岸本人在其所著回憶錄一書中曾記其困居首相官邸的情況稱：

「那是在新安保自然成立的晚間，當時的警備機動隊並不像現在所具有之強力，而且示威羣眾是一波接一波地輪流交替，守衛官邸的警備機動隊則僅為固定之隊員，已備形疲憊。警視總監小倉君來告，極言官邸警備堪虞，盼我遷往他處。我記得我曾對他說：如果連這裏都無法警備，那還有什麼地方可保安全？只要盡力而為，一切聽其演變就是。就在此時，弟弟榮作來了，他對我說：橫豎大局已是如此，咱們兄弟今晚就在這裏一同來死好了。我也對他說：好的，咱們兩人就死吧，死而無憾。」（見文藝春秋社出版《岸信介回憶錄》）

當時佐藤是在他哥哥的內閣中擔任大藏（財政）大臣，在這危急時際，表現出了共患難生死的精神。岸所描述的他們兄弟兩人於公於私的親密手足之情，繪影繪聲，躍然紙上。而他們兄弟兩人的必死決心加上共同的「強運」，終於安然地迎來了六月十九日零時，新安保條約自然成立生效了。

佐藤在其長期執政中懸爲第一要達成的目標，乃是收回二次大戰中美國所佔領的琉球（沖繩）。他常說給日本國民聽：「沖繩一日不收回，便一日尚有二次大戰未曾結束的感覺。」這兩句話確有掌握人心的效果，且亦能對美國人產生說服力。（後來，也成爲套用在對蘇俄不歸還北方四島的抗議標語。）

果然，佐藤實現了他的願望。一九七二年五月十五日，美國副總統安格紐代表尼克森總統出席了日本政府在東京武道館盛大舉行的沖繩交接典禮。佐藤致辭中留下了含有歷史性意義的感言，他說：「把戰爭失去的領土，能藉和平的外交交涉收回，爲史上所罕見。」安格紐在讀完〈美國總統宣言〉後亦致祝辭稱：「這是對舊金山和約的最後的裝飾。」

佐藤在完成了他這一大心願不久，即已決定引退。一個月後的六月十七日，他原是要以不招待記者的方式，而專藉電視來播放引退聲明的，以事務人員安排不週，仍有大批新聞記者齊集首相官邸的會場。當佐藤進入會場看到此一情形時，便按捺不住歷次對記者的積憤，甚至拍了桌子，縱情地發了一次大脾氣。他厲聲地講著：「我原定不要對記者諸位講話的。我要直接地對國民講話。因為一變成了報紙上的文字，就使我的眞意走了樣，對這種有偏見的報紙實在覺得太討厭了！所以我一定要直接對國民講話。諸位，請給我出去！」

新聞記者一向是跋扈成習，自亦不甘示弱，於是相率退席，並作抗議。結局則是佐藤獨自一人孤零零地，在空蕩蕩的會場一片靜寂氣氛下，對著播映機發表了他的引退聲明，向日本全國國民話別。

佐藤的引退聲明中曾引用名漢學家安岡正篤講義內禪家成語「啐啄同機」一語，意謂卵中之雛在發育成熟時與卵外之親鳥同時伺機觸破卵皮而出，來譬喻他的主政觀念在於重視時機，而非外界對其譏評之「株待」。

佐藤之厭惡新聞記者，亦並非沒有來由的感情衝動。最使他動怒的火種，是在對美進行收回沖繩交涉中所發生的「每日新聞事件」。

不管佐藤內閣是怎樣地強調收回沖繩交涉是對國家的貢獻，而在分佈於國會、言論界的反對勢力看來，總是懷疑其中必有蹊蹺並存有不可告人之密約的。社會黨議員橫路孝宏在眾院預算委員會卽展示外務省的兩通機密電報複印件，作為必有密約存在的證據。這兩通機密電報是交涉過程中外務大臣與駐美大使間的機密眞件，但竟然洩漏到反對黨手中，顯然使佐藤內閣大爲狼狽受窘。其後幾經嚴密調查，始悉爲外務省女事務官蓮見喜久子將其經手傳送之機密文件暗自複印後，交與《每日新聞》記者西山太吉，而西山太吉並未作新聞報導，又將該項文件交與社會黨議員橫路孝宏。因此，佐藤內閣便基於《國家公務員法》第一〇〇條之違反守密義務罪逮捕了蓮見喜久子；又再以第一一一條之唆使罪逮捕了西山太吉。一時政界言論界爲之大嘩，遂掀起一場軒然大波，滿城風雨。

《每日新聞》每天都以極大篇幅著論吶喊著「知的權利」，用以攻擊「政府權力介入，爲向言論自由挑戰，侵犯人權之行爲」；在野的反對黨及文化界人士，則組成「保衛知的權利會」，起而響應。

眞相是在東京地檢處所提出對蓮見、西山兩人的起訴書公開後，始得以大白於世的。該起訴書一開頭便道出了西山記者係以誘惑有夫之婦的蓮見與其通姦爲脅迫手段，而得到蓮見爲其複印的有關沖繩交涉之秘密文件。

單是這短短的幾行文字，事實勝於雄辯，使得《每日新聞》立卽氣餒，也不得不承認西山記者有失道義，而在自身的頭版紙面上刊出向世人道歉的啟事了。至於那些羣起響應並以組織壯勢的人士們又怎樣了呢？誰都無法能將西山記者的卑鄙醜態化粧成磊落麗姿，亦都偃旗息鼓默不作聲了。《每日新聞》原是與《朝日》、《讀賣》齊名的日本三大報之一，自經此一「西山事件」後便信譽驟降，猶如「日薄西山」，難以維持殘局。最後則只好整個報社改組，改換爲由另一公司發行。這一個後果，對日本大眾傳播界是一教訓，引起普遍的警惕。

佐藤在其主政任內，曾於一九六七年首倡「非核三原則」，即(1)不製造核子武器；(2)不持有核子武器；(3)不許運入核子武器。這三原則本是用來作對付反對黨的擋箭牌，爲美日安保條約護航的。卻未料想到這倒成全了他日後得諾貝爾和平獎金的最大而有利的資格。

諾貝爾獎金委員會頒發和平獎金給佐藤的理由是：「鞏固太平洋地域和平，致力於防止核擴散及反對核武器，爲推進國際和解政策，厥功至偉。」一九七四年十月八日，佐藤在其東京寓所接到這件報喜的電報。是年十二月十日，他偕夫人寬子到挪威首都奧斯羅領了獎。

國際間對佐藤之此項榮譽並無若何反響，日本國內報紙的論調以及街頭市民談資，大都含有冷諷熱嘲的口吻，認爲有點近乎滑稽。

想做總理大臣的經由之路

戰後的日本總理大臣，已不是像戰前一定要由元老重臣向天皇舉薦，然後再由天皇任命那樣地非一般人所能到手的職位，照主權在民的新憲法規定，一般人（包括戰後已有選舉權的女性在內）要想做總理大臣，已經「有路可循」，只要立志沿著那條路往上攀登的話，原則上也可說是誰都能够有這機會了。

日本的統治機構，係採用立法、行政、司法三權分立制。

立法機關爲國會，是國權的最高機關，由衆議院與參議院組成，兩院的議員計有衆院議員五一一人；參院議員二五二人，這合計七六三名的國會議員，都是全國人民直接選出來的人民代表。國會的若干項重要權限中有一項是：通過指名並經投票當選的總理大臣。如此才使總理大臣組織內閣執行其行政權合法化，成爲一個最高的權力者。

凡是滿了二十歲的男女，都有選權舉；二十五歲以上者有被選舉權（但參院議員須在三十歲以上），只要當選了國會議員，便是第一步上了那條有路可循之路了。

現代民主政治爲議會政治，亦卽通過選擧之政黨政治，雖也不乏以無所屬任何黨派而從事政治活動者，但畢竟是少數之少數，起不了決定性的作用。日本的政黨政治自吉田內閣起始，已漸入正軌。在眾、參兩院有過半數議席的政黨，卽爲當然的執政黨，其黨總裁亦必然爲經由國會指名通過之總理大臣。若不能獲致過半數議席而僅是大多數的第一黨，則須聯合可供合作之政黨組成聯合政權。這是四十餘年來一直是自民黨一黨執政所最怕見的局面，卻又不能不面臨的局面。一九八九年參院議員選擧的慘敗，使參院自民黨議席失掉了過半數，故當投票選擧總理大臣時，首次出現了那位社會黨的女黨魁土井タカ子躍居冠軍，還是賴有憲法規定以眾院之通過者爲準，才保住了自民黨仍超過半數議席優勢所指名的總理大臣海部俊樹。

這四十餘年來，自民黨政權所顯示出做總理大臣的基本資格條件，須具備：⑴國會議員，特別是眾院議員，當選次數在七、八次以上；⑵有黨內三要職：總務會長、政調會長、幹事長的經歷；⑶曾任內閣官房長官、大臣多次；⑷身爲黨內一派閥之首領……。此外，更要緊的是能生財有道，揮金如土；廣結人緣，長於縱橫權術。若以最低時間來計算這一長途跋涉所需歲月，大概要在十五年至二十餘年左右。

繼佐藤內閣起而組閣的田中角榮，即爲沿著上述「可循之路」走來，一一儲備了「資格條件」以遂的一個實例。他出生於新瀉僻地的貧家，僅是小學畢業的程度，流浪到東京憑赤手空拳做營建生意，炒地皮致富，經高人指點競選衆議員踏入政界，摸清楚了這個圈子的底蘊。佐藤原是期許福田赳夫來接棒的，那曉得這位田中最拿手的本領就是深知錢能通神之妙，在自民黨籍國會議員投票選舉中，動用了上百億的鈔票，一舉擊敗了競選對手的福田，作了日本之主。事後有人戲稱田中將毛澤東的「槍桿子出政權」改成了「鈔票出政權」。

田中上任一出手，也就打出了毛澤東牌。他率領外相大平去北京見毛，要建立「正常化」邦交。到了北京，他還作了一首七言「漢詩」，經偕行記者電傳本國，發表在各大報的要聞版內。其詩句是：

國交途絕幾星霜
修交再開秋將到
鄰人眼溫吾人迎
北京空晴秋氣深

那時節的日本各界，正爲中共的一切響起一片喝采之聲，以親中共的言辭作時髦標識。田中的這首日本文法式「打油詩」，也成了新聞記者們將其美化的佳話。實則田中常會以這類矜持動作，用以掩飾個人潛意識中沒有「學歷」之自卑感的。日本的「漢學家」很多，有的在暗笑，並譏其太不自揣。一位年輕匿名大學生，專攻中國文學，他照原詩意境，儘量保留已有字句，加了一番「文字手術」修改爲：「國交途絕幾星霜，修好重開專來訪。喜見鄰人溫眼迎，北京秋晴桂花香。」也在一報副刊欄登了出來。

有一近乎迷信的傳說，凡是強行訪問中共獻媚並別有所圖的各國元首級人物，都沒有好下場。舉美、日兩國之例爲證，如尼克森、田中角榮，皆竟絲毫不爽。一無名作家立花隆的一篇清算田中金權政治論文，在《文藝春秋》雜誌刊出後，外人記者據此起哄，乃至導致田中內閣爲之塌臺。後來田中又爲魯克特賄賂案纏身，讓三木武夫利用了總理大臣職權，把他逮捕爲清掃金權政治惡風吐氣，他從此便一蹶不振。雖然他依舊靠金權威力擴充了派閥勢力，也隱身幕後將大平、鈴木、中曾根三個內閣推送到前臺，仍不失其橫行政壇威風，卻戰勝不了病魔，偏偏害了中風失語症，連話都不會講了，只好含恨息影。

田中受魯克特賄賂的起訴案至今尚未完結，日本的時事評論家們對田中之遭遇，持有另外一種看法，他們蒐集資料引證，認爲這是田中迭次對美挑戰所受到的報復。例如：田中先於美國對中共建交並與其交涉共同開發渤海海底石油；亦向蘇俄提議共同開發西伯利亞石油及天然瓦斯；擬購加、澳之鈾與原子爐以發展原子能代石油之計畫；擬與法國合作鈾濃縮再處理技術……等等，這都是犯了美國獨佔資源戰略的大忌，焉能不受到反擊！經常出現於電視的名時事解說家田原總一朗，曾形容田中這種要擺脫依存美國的作爲，等於是「腳踩虎尾以觸怒老虎」，自找麻煩。

佐藤的長期政權之後，幾均爲短命內閣。自民黨的黨章，也將總裁的三年任期改爲兩年，各派閥的首領們都以難耐久等的性急心態，希望儘早儘快輪到自己的班次。三木武夫有野心想延長其任期，結果惹得被各派閥聯合起來把他推下去；福田赳夫做了一任，爲求連任而跟大平正芳鬪，吃虧在鬪志衰竭，還是敗下陣來；大平未滿兩年即憤死在任上；鈴木善幸是各派閥妥協一時的過渡，也只有他確原無意於此，且亦知自我謙遜而公開說明自己非總理大臣之器，因而在兩年任期滿了後，即自行辭職；倒是那位綽號「風見鷄」的中曾根康弘，向以擅於見風轉舵著稱，長袖善舞，足足做了兩任又半年多，並能以其聲勢指名三「新首腦」之一的竹下登接任，樹立下較長期政權的紀錄。竹下呢，又偏不爭氣地在任內曝出了所謂利庫爾特股票賄賂案，他的秘書以及中曾根的秘書；另兩新首領安倍晉太郎、宮澤喜一的秘書，都以爲其主子收受該項股票而構成貪污嫌疑，弄得竹下難以招架，便不得不以下臺來塗抹嫌疑。前任中曾根於卸任後本來還抱有準備異日再起的野心，他和美國的大政客季辛吉臭味相投，搞了一個相當規模的「世界和平研究所」，想配合季辛吉在國際上活躍一番藉以增高聲名，無奈利庫爾特案追究得太緊，使他不但須親身到國會受「喚問」之辱，還不得不聲明脫離自民黨以暫息眾怒。

竹下之後，原應輪到安倍或宮澤來接班的，這兩人則受到利庫爾特案的牽累，卻只有乾瞪眼，各自閉門家中，坐以避風了。

宇野宗祐之能坐上總理大臣椅子，是在竹下、安倍、宮澤三人「新首腦」（日本用片假名譯出英文的"New Leader"之音使用）暫時躲在避風港期間被拖出來的，亂了自民黨政權移轉的章法。可惜這位先生由於慳吝成性而得罪了一位為他玩弄的藝妓，藝妓存心報復，偏在此時出來咬他一口，使他只有五十四天的總理大臣命，醜聞卻遍於全世界，且永垂日本政治史册。

若照日本做總理大臣的經由之路來論，宇野在「有路可循」一項內雖尚稱够格，但在「資格條件」中的二、四兩項則未具備；其繼宇野之後又被拖出來的海部俊樹，亦係如此，且較宇野更為遜色。這一情形的出現，只可說是那三新首領所代表的派系勢力相互默契的權宜之計，三新首領暫時躲在避風港內，他們內心裏在想：分量輕的人容易被拖出來；一旦颱風警報過後，也容易被趕下去。

當今想做總理大臣的人，不但要有合乎上述經由之路與經歷，尤其重要的還要有另外的兩個附帶構成的條件：其一是須能取得美國主政者的好感，所以每屆新總理大臣一上臺，總是專誠先去一趟白宮探路，安保條約下的日本國防外交，是握在人家美國手裏的，不能不低頭。其二是對企業商業見識決不能外行，否則，便不能取得財經界的信賴支持，曾有一評論家撰書對這一點說得恰當極了：「戰前的總理大臣眞是太胡鬧，對貿易毫無常識！日本明明是靠貿易立國，卻偏偏跟非貿易國的德、義同盟；對貿易主要國的美、英開戰，天下那有做生意人跟沒有生意的人友好；專對有生意交往的客人打架的呢！」

〈附記〉

宮澤喜一當上了第七十八代

一九九一年十一月五日，日本總理大臣海部俊樹終於不得不黯然下臺，由自民黨的黨友、黨員和國會衆、參兩院議員共同選出第十五代總裁的宮澤喜一來接任。要是從明治時代第一任總理大臣的伊藤博文起計：宮澤則是第七十八代；第四十九人的總理大臣。他已是七十二歲的人，在其出馬競選前，日本報紙咸謂：「這是他最後一次衝刺的機會」，如今總算是達成長年以來的意願了。

在過去十七年間，宮澤有多次行將出任總理大臣的呼聲，如一九七四年的田中內閣之後；一九八〇年大平內閣之後；一九八四年中曾根內閣和一九八六年中曾根內閣之後，他都是最有望的人選之一，與竹下登、安倍晉太郎並稱爲「新首腦」，被目爲「學者型」、「知性派」、「合理主義者」、「國際人」的政治家，享有盛譽。他的「清廉度」，在日本政經界也本是公認爲一向未發生過金錢醜聞的，但在一九八七年曝出了利庫爾特股票貪污案，他卻因其秘書被牽涉在內而蒙受汚點，從副總理兼大藏大臣的位子上引咎辭職。這是宮澤此次復出後常公開聲明「反省」、「抱歉」、「決不重蹈覆轍」的一項弱點。

宮澤對中國文學（即日人所稱之「漢學」）頗有心得，每以中國古典成語或詩句引述明志。當一九八四年他訪問中共時，記者們曾問起他是否有意爭取中曾根總理大臣任滿後的此一職位時，他便用了魏徵的兩句五言詩「中原還逐鹿，投筆事戎軒」來作暗示地回答。

宮澤的流暢英語，也是國際馳名的，在其任外相期內，和美國的季辛吉國務卿直接以英語辦交涉；以及最近一次——即在其聲明出馬競選自民黨總裁亦即總理大臣之前，爲其派內特邀季辛吉來日舉辦研修會時，亦逕以英語交談，並經電視播送，都可證明其外語水準不凡。

一九八六年春間，日本的一家日刊雜誌曾作過一次對「新首腦」的評分，宮澤所得分數超過竹下登、安倍晉太郎（已故）甚多。政治評論家松岡英夫、伊藤昌哉對宮澤的評論是：「今天的日本政治，不是驟然便可改善的，首先要寄望於較有作爲的政權，這樣的話，以宮澤爲宜。」「把政權交給宮澤，不會出錯，可讓人安心些。」這次宮澤政權眞的實現了，一般的最初觀感，也多類似此種論調。各界有一共通的耳目一新看法：認爲宮澤是一「學者型的政治家」。

可是，這位被寄望於較有作爲的學者型總理大臣登場後，在其一年半多的任期內，對大事標榜的「政治改革」，竟毫無見於起而行的任何具體表現，只受到各方斥爲「言行不一致」、「徒尙空談」的抨擊。根據日本各報的民意調查看：國民對宮澤有所期待的支持率，已由最初的百分之五五・七，降低爲百分之二一・〇了。

在另一方面，執政黨的自民黨內派系林立，由於宮澤領導無方，亦陸續地出現了個人與集體脫黨並各另組新黨的分裂趨向。

宮澤將是長期一黨執政的自民黨的最後一任總理大臣。這樣便使今後的日本政局，變成爲大、中、小型政黨的多黨角色競演場面。

六、銜接東西的日本文化

東京是「西化」、「再西化」的起站

東京作爲日本的政治中心，由來已久，它歷經江戶時代、明治時代、大正時代、昭和時代，到現今已有近四百年的悠長歲月。

東京原稱江戶，十七世紀初，德川家康取得「征夷大將軍」職位設置幕府於此地，掌握了全國大小諸侯（大名），與京都的朝廷遙遙相對。那邊的京都只是代表名譽權威、授與榮典、祭祀禮儀的天皇政府所在地；這邊的江戶則是實操政治權力、決定國策、發號施令的將軍政府所在地，雙方形成爲兩重政府的存在。綜計自德川家康起，至第十五代的德川慶喜爲止，此一世襲制機構—德川幕府，支配了日本命運達二百六十五年，是日本歷史上以鎖國排外聞名的「江戶時代」。迨一八六七年十月十四日，第十五代將軍德川慶喜迫於形勢，不得不將政權交還給天皇政府，這便是將軍政府的消滅，江戶時代的告終。同時，江戶這一地名，也因是而起了變化，被改稱爲東京。

那些藉明治維新號召，推倒德川幕府而躍登政壇的新貴們，爲了推行新政大計，想擺脫環伺明治天皇周圍的京都公卿貴族、神社寺院勢力的牽掣，首先力主遷都，猶如大久保利通所喩稱：「新酒須裝新瓶。」最初的目標地是大阪，且亦經明治天皇親往視察，但此議卻受到京都各界的強烈反對而作罷。其後，復於一八六八年七月間又見將江戶改稱爲東京的宣佈，可是在這項宣佈中並未否定京都地位；亦未明言遷都至東京之決定，做得非常含混曖昧，繼卽有明治天皇於一八六八年九月，以撫慰人民名義的東京之行，並於當年十二月返京都。及翌年三月再往東京，皇后亦於十月間前往，京都住民還是認爲遲早會再回京都的，沒有料想到從此明治天皇與皇后便以德川幕府的江戶城爲皇宮而定居，使東京成爲不明不白卻又是實實在在的日本首都了。

日本的史學研究家咸謂：從史料中找不出任何涉及由京都遷都至東京的「天皇詔勅」，這是百餘年來的一件悶在葫蘆裏的秘聞，亦是迄未見官方正式有所釋明的疑案。

日本人每稱東京爲「日本的玄關（大門）」，由江戶之改稱東京爲始，象徵了由江戶時代進入明治時代，由鎖國一變而爲門戶開放，這裏便成爲日本接受西化的起站，一切都從這裏作示範式地做起。人們從東京成長的經過，可以查考出日本是怎樣地跳出極端落後，邁向現代化國家建設的作爲。

所謂「西化」，乃是對往昔專事學習東方唐宋文化的一種轉向，橫豎均以接受外來者爲對象，既能學習東方，改爲學習西方又有何不可？說改就改，把天天過日子的準則曆書，一下子就從太陰曆改用太陽曆了。日本沒有丟不掉的傳統包袱，這是它能在減少阻力下而虛心接受西化，走在中國前面的主因。

福澤諭吉之受日人尊重，乃是由於他獨能高瞻倡導西方學問及教育爲本的理念，其本人亦基此力行而來。明治維新運動中的明治天皇〈五條誓文〉中，最末一項爲「廣求世界知識，鞏建皇基」，這也就是起草者受福澤啟廸構思的文句。明治新政府在東京的突出施政如：制定模仿法國之學制；規定全國男女均須受小學義務教育；興辦公立並獎勵私立各種學校；尤不吝於以重金禮聘英、法、德、美等國學者與技師來日執教（自一八八一至九八年期間共聘有一萬五百餘人，其薪俸皆超過日本高官），更著力於派遣男女留學生至歐美深造，此皆爲以教育學問爲西化奠基的具體實踐。

當時的東京有許多創立先例的記錄：

最早的日刊報紙如《郵便報知新聞》、《東京日日》、《橫濱每日》，在東京及其鄰近之橫濱出版。

最早的電報、電話，是由東京、橫濱之間開辦使用。

最早的郵政制度，經派專員至歐美考察歸來後，首由東京設置郵政局實施。

最早的鐵路火車，是由東京新橋舖軌至橫濱通車。

最早用磚石建築的房屋，是在東京銀座大街，那裏也以街頭聳立的第一盞瓦斯燈，照亮了黑夜如晝。

最早的第一家銀行，是在東京日本橋兜町海運橋畔所建宏偉大厦的日本銀行。

東京更爲日常生活上發生的大變化，做出標準給全國看的榜樣，像：男人們剪掉蓋在頭上的髮髻，易之爲西洋式髮型；男女們著西服、穿皮鞋、戴帽子；室內擺設高型桌椅與沙發，以地板代榻榻米；四方型紙罩的燈籠換上玻璃罩的桌燈；這些都還容易接納，最讓人人驚異的是打破了以往不食四腳獸肉的禁忌，吃起猪肉和牛肉，並喝起牛奶、咖啡來。

男女相擁跳舞也是由東京開其端的，此即所謂明治維新史中獨佔一頁的「鹿鳴館」艷聞。維新政府爲了與西方國家修好，特建有豪華絢爛的俱樂部場所，取名爲採自《詩經・小雅》「呦呦鹿鳴」的鹿鳴館（位於現址帝國大飯店之左鄰）。入夜後，恆見門前車水馬龍（當時也正是流行西洋型馬車期），大禮帽燕尾服的男士們伴著長裙露肩的淑女們雙雙進入，室內在輸入西洋樂器初試新聲的合奏中，酣舞通宵達旦。伊藤博文最喜歡來這裏參加化粧舞會，他扮演了各式類型的角色。進進出出於鹿鳴館的所謂東京上流社會人士，包括著政壇顯要及縉紳華族，他們都是領導實踐西化的急先鋒，把西化造成了氣候。

像這種種西化形之於日常生活的做法，在當時的亞洲，只有日本會如此念茲在茲地來做。在中國人的眼光中，定會覺得滑稽、淺薄、可笑，甚至於還要譏誚其為「忘本」的「假洋鬼子」。這一點就是中國和日本同為數百年閉關自守、愚民統治、陷於落後而無術對抗外力來侵狀態下，在不得不接受西化之際的心理差異。日本的精神分析學者們曾稱日本當時的做法有其必要，可用以達成兩種所期望的目的：

一、消除落後者面對先進者的劣等感，能以坦然氣壯胸襟，推行西化國策。鹿鳴館所代表的意義即在於向歐美國家顯示其西化成績，藉此據點增進了友好外交，終能取消治外法權，並收回關稅自主權。

二、教育人民從衣食住行中認同西化趨勢，緩和了若干西化強制性所引起的抗拒。例如人民囿於固有迷信，對髮型衣著與吃牛猪肉均有反感，領導階層率先實行西化之極致，則能產生預防抗拒之作用，並可藉以建立新的價值觀。

日本輸入了西方各類型樣本，再照富國強兵政策設計的仿造成品，一一陳列出來的有：警察訓練編制；全民皆兵的徵兵制；造船、武器、火藥軍需業；製絲紡織工廠；內閣；議會；政黨；憲法……等等。其最能朝向政策目標發揮推進效果的仿造成品，當為《大日本帝國憲法》。靠了這部參照德國憲法以及支配西方國家社會之基督教教義的憲法，順應時勢，毫不費力地把天皇拜為「神聖不可侵犯」的「現世神」。

西方發源的資本主義、帝國主義、自由平等、民權思想、社會主義、共產主義、法西斯、納粹……也都相繼渡海來到了東京，在這裏醞釀發酵的結果，使它釀出攪拌了日本傳統武士道混合劑的軍國主義。

軍國主義則使東京在第二次世界大戰中，被美國的B29轟炸機夷為一片瓦礫場。

戰後的東京，在美國佔領下又作了第二度「西化」的「再西化」起站，而且是以日比谷第一生命大厦內麥克阿瑟元帥的辦公桌為出發點的。這次的「再西化」與前次「西化」的大不同處，乃是被動性多於主動性，它必須遵從美國的指揮而行，最能代表此一事象的為日本戰後的新憲法，是經過改造手術痛楚的「再西化」。

那部擺在麥帥辦公桌上由盟總人員草擬成「主權在民」的《日本國憲法》英文原稿，一俟麥帥批可後，即交由日本政府譯為日文，再交由最後一次的「帝國議會」通過，就按著這樣的一個順序，誕生了「再西化」的日本。

也曾有人把東京街頭到處可見穿牛仔褲褂的青年男女，邊嚼口香糖或邊舐冰淇淋邊走路；可口可樂漢堡速食店走紅；以至新宿地帶有嬉皮聚集所、同性戀酒吧等情景，作為美國型的「再西化」事例，其實，這些都是枝葉末節層次，並無若何「再西化」內容。唯有新憲法才具有「再西化」的實質內容，使日本已從「再西化」逐步昇高到「現代化」階段。

兩次重建的繁榮大都市

東京自舊稱「江戶」易名爲「東京」，並立卽成爲日本之國都以來，在迄今一百二十餘年不算長久的期間內，卻經歷了兩次大破壞：第一次是一九二三年的大地震；第二次是一九四四年至四五年受美軍空襲的大轟炸，前後兩次雖都是近於全毀的浩刼，但兩次都能在一片焦土中重建復甦，尤其是戰後的這一次，慘澹經營，益呈其繁榮發展之盛況。這固然是人爲的努力成果；亦不能不說是得自世局促使的運勢。當前航空事業突飛猛進，各國航空公司莫不以競取東京航線爲急務，已使東京一躍而爲連結寰球要衢的國際都市之一了。

東京遭遇的兩次大破壞，均以建築物多爲木造易燃，乃致起火延燒而造成最烈災害。故根據此項經驗與教訓，戰後在「再西化」起步中，首見建築界一馬當先，推出了鋼骨水泥與高空化設計。其最顯目的重建模型品，便是八層至十幾層的公寓住宅，次第出現於市區與郊區。機關、學校、公共場所所在地帶及商業街，也都採取了向高空擴充的工事，從此便不再見木造建築物。東京的第二次重建，可以說是完全用鋼、鐵、水泥、各種合金構成的。說起來，簡直有點令人不敢想像，在這地震頻發的東京土地上，居然也矗起了紐約式摩天大樓型的超高層巨體大廈。第一座此類大廈是位於市中心區赤坂三丁目的「霞關大廈」，地下三層地上三十六層。其後，此種紐約式建築復轉移至新宿車站西口一帶，其高度亦層層昇高，四十層的；五十層的；六十層的，在競相比高。連原在丸之內東京驛附近的東京都政府，亦不惜投下鉅資，選定這一摩天大廈森林地區蓋起了仿傚巴黎聖母寺院雙塔樣式的四十八層大廈，還來助陣入夥，把這一帶形成了大家所口稱的「小紐約」。

日本地震測候所也曾經公佈過東京一帶包括有感的與無感的地震記錄，恆達每日少則數次、多至數十次或百次，亦並不稀奇。近年來也有過相當嚇人的四級與五級強度地震，人們置身於這種超高層大廈內，遇到這種情況已深深嚐到了膽戰心驚的恐怖。例如那裏有一家四十七層樓的廣場大飯店，一九九〇年六月間有過一次五級地震，據住宿的旅客於事後語人稱：「當時大廈搖晃得猶如海上狂浪行舟，一時只見急號的，狂奔的，爬行的，昏倒的……全都不知所措，眼前只直覺得是死之來臨。」這幾句話，確是最逼真的形容，尤其是從向無地震之國初來日本而偏又碰到這級數地震時，其狼狽之狀更是有栖栖皇皇、股戰膚慄之慨。就曾有一位外國名棒球選手受聘於日本的一家職業棒球隊，在經過一次三級地震後，便害怕得毫無生趣，說什麼都要解除聘約而回國去了。

建築專家們對超高層大廈的規劃設計、施工結構水準，雖亦一再強調其耐震耐風的技術能力，但是絕沒有任何人能百分之百地發出保險證。地震之外，還有可畏的火災，並不下於木造建築。這類超高層建築的火災，在東京亦已發生過，建築專家也只能以預防及避難之多方設計來安定人心。他如因超高層引發的電波干擾、風向變換、車潮與交通阻塞等等公害，則日見擴大。無奈在這地狹人稠的大東京，大家縱對超高層建築存有戒心，卻依然擋不住它的增長趨勢。有人預測過：這新宿的「小紐約」區域，在三、四年內將展延到新宿車站的四週，而且大廈屋頂與屋頂之間有吊滑飛車交通，並闢有機場，作爲聯接成田國際機場的直昇機升降基地。

新宿車站是鐵路、高架電車、地下鐵等七條路線的起站、終站和改乘聯接站，每天在這裏出入的人羣，大約在二百萬名上下，摩肩接踵的雜沓，最足以映出東京人口膨脹的光景。東京的人口已接近兩千八百萬，凡是生活在這裏的人們的基本要求，總是離不開吃喝玩樂，這就需要滿足其基本要求的充分供應，才能維持一個大都市的正常運作。從前北京城裏的「老北京」愛掛在嘴邊的「人生三點兒」，卽指「吃一點兒，喝一點兒，玩一點兒」的三點兒享受而言。這「三點兒」實爲新宿繁榮的因據。餐廳、酒館、酒吧間、純喫茶、音樂喫茶、狄斯可、夜總會、歌廳、演劇場、電影院、檯球場、說書場、痲將館……遍佈於新宿車站四面八方的大街小巷，處處都是男女如雲。這且不說，還有那位於車站東口對面鼎鼎大名的歌舞伎町，除上述之各種設施一應俱全外，還更有密集的男女共同浴室、美人按摩健身房、秘戲窺探屋、同性戀酒廊，以及前後數列整街連貫專供開房間的旅社，在不分晝夜地從事著「性企業」交易的色情超級市場。

由新宿環狀電車山手線通往的大型車站澁谷、池袋兩處，是戰後東京新興地帶的後起之秀。這兩處和新宿有許多向大眾化繁華發展的相似之點，首先是公營、民營的地下鐵、電鐵路線多，輻射到都區、郊區與附近縣市；其次是各大百貨店提供購物兼遊憩之便利；再其次大概就要推出同於歌舞伎町式的色情超級市場了。在這一層次上復能別出心裁，分擔了歌舞伎町所缺少的供應成分。

池袋有點像未脫土氣的鄉姑，但她熱心學習時髦，把新宿的「小紐約」也學來了，蓋起了號稱東京第一高的「旭日摩天大廈」兩棟，集百貨店、專門商店、飲食店、劇場、旅館於一身，開創了新經營方針；地下街的規模，五花八門的商品齊陳，也已超越了新宿。澁谷因在戰前就已有相當局面，以一條直通橫濱的電鐵線，將東京、橫濱結成一體而融合了得風氣之先的海港時尚，顯得並不過於矯揉造作。如以鄉姑比喻池袋，則澁谷倒很像已通曉人間甘苦趣於成熟了的家庭主婦。

澁谷車站前有一小廣場，那裏的一座忠犬八公銅像，爲這一地帶添了無限的浪漫溫情色彩。各界人士特別是青年男女假若約會在澁谷見面的話，無不喜以八公銅像前爲目標場地。其原因不只是爲了易於找到目標，而是對這忠犬八公的故事人人都抱有好感。據說八公是東京大學教授上野博士的愛犬，在博士去世後的十一年期間，八公依然不知其主已不在人間，而仍每日按以往之時間至澁谷車站前恭候主人歸來。事爲後人所悉，乃於八公死後將其剝製爲標本存放於上野博物館；並於一九三四年（日本昭和九年）建其銅像於澁谷車站前以作紀念。八公銅像連同石座也只有一人高，它的兩隻耳朵和頸背部都有些閃閃發亮，那是受人愛撫而成的。

經過兩次破壞而重建的東京，其非爲修復者尙能保持原有江戶韻致的景觀，現在只賸下舊日德川幕府的江戶城，今爲日皇居所的皇城了。那用粗厚四方石塊砌積成斜坡狀的城牆、上面植有樹木扶疏；城門門樓夾在兩旁的松柏掩映之中；橫懸護城河上的橋欄照影於水面；巍然屹立的櫓樓襯在蔚藍的天空……都永遠是那樣安詳地涵在著樸雅靜謐的容姿。

皇城內部有兩處在戰後已開放爲公共遊覽區，如舊「本丸天守閣」、「二之丸」、「百人番所」、「松之廊下」等皆係江戶城時代的主要史蹟，現稱之爲「皇居東御苑」；其原爲駐紮近衛軍的營地，則改稱爲「北之丸公園」，新建有宏壯的武道館、科學技術館、近代美術館，並輔以西式草坪、花徑、茂林、池沼的佈置，也是東京二次重建中「再西化」的一個範本角落。

上野公園是一片面積○・六六平方公里而具有東京歷史對照教材的名所，在這兒有與德川幕府因緣最深的寬永寺與東照宮；也有明治維新三傑之一代表人物西鄉隆盛的紀念碑與銅像。在另一方面，這個公園從明治時代「西化」之初，便是培育西化人才的搖籃。像最早期的「上野美術學校」、「上野音樂學校」即均設於此，戰後由此兩校之合併始成爲「東京藝術大學」。他如大音樂廳文化會館、博物館、科學館、美術館、藝術展覽館，亦皆散在於公園林旁池畔，一年之中隨時都有美術展覽會和音樂演奏會在此舉行，處處洋溢著文化氣氛。四千餘棵櫻花樹更爲這公園帶來了一年一度的光與熱。

正如今天東京的「秋葉原」地區是各種電製品商店街一樣，戰前淺草的影劇院街、神田的書店街，那種專業類聚的龐大場面，乃是東京的一大特色：其優點是任由選擇，應有盡有。但在東京二次重建後的淺草，卻一向欲振乏力，未能恢復昔日的榮光。這與電視機普及、全世界電影業走入衰途；演劇歌舞人才凋零等情況當然都有影響關係，其最大的原因則不能不說是由於代之而起的新繁華區增多，奪走了淺草的顧客。而神田就不同，賣舊書的書店都煥然一新，出版新書的書店更是朝氣蓬勃，以各種全集、百科全書、辭典、文庫、專著、定期雜誌……恰逢大眾求知若渴之需要，都藉此發了大財。日本人讀書風氣之盛，可於下列諸項事實見之：⑴每家書店在日常均告客滿，無購書餘裕者多在書店內站讀。⑵在長、短途電車、公共汽車內或坐或立之男女老少，幾莫不隨身携有書刊備讀。⑶凡屬日報，其第一版面最下方三欄版位均專登新書出版廣告，殆已成爲定規，且另有書刊內容之大幅廣告更登於其他各版面，佔各種廣告之首位。⑷全國出版社三千社，每年發行專著三百億册、雜誌三十一億册。⑸東京三大日報之發行量計：《讀賣》八百七十四萬份、《朝日》七百四十七萬份、《每日》四百五十四萬份。

二次重建的東京都，讓新興地區崛起了；也使舊有區域益臻隆運。靠近皇城前廣場，從東京驛起包括丸之內、八重洲、日本橋、京橋、有樂町、日比谷、銀座、新橋等處，這一地區乃是東京都汰舊換新了的精華所在，諸如銀行、商社、股票市場、公共機關、報館、百貨店……等，均以此居首，也可說是日本經濟大國的頭腦心臟地帶。在建築物、道路、及所有設備上，以均整、清潔、齊全見著。而銀座一帶則更是其中之翹楚，若照以鄉姑形容池袋；以家庭主婦比喻澁谷的模式來品評銀座，那就要以盛妝的華貴夫人型作它的形象了。凡是巴黎、紐約的尖端流行衣飾，都會一一在銀座街頭露面。

銀座的一條大街，約有一公里長，分爲八段，其寬濶的兩旁人行道，實最適於漫步欣賞店舖櫥窗與行人街景，所謂流行語「銀布拉」一詞，卽係含有「輕鬆蹓躂」之意。在銀座的後街，則又有暴發戶型經濟大國日本所形成的另一世界，密如蜂巢的俱樂部內，以女人與酒養成了奢侈地揮霍交際之風，杯酒杯金，佳麗如雲，是政經界貪污腐化的溫床。

東京也照巴黎的艾菲爾塔型，在港區芝公園高岡上建造了一座東京塔，且以高越艾菲爾塔十三公尺自炫。登臨其上俯瞰大東京全貌，確是浩瀚非凡。對這樣一個大都市究應作怎樣的論評呢？日本的一位駐外大使河崎一郞在其所著《日本眞面目》一書中，亦曾專章論及東京，他卻說：「我個人已足遍各外國首都，感想所及，認爲東京之無秩序與醜陋，實在是『出類拔萃』！」

〈附記〉

東京都將更見擴大

近年來，東京遷都之說，不絕如縷。贊成的、反對的議論紛紛，各有其動聽的論據，傳播媒介也時起時伏地以此爲採訪報導題材。但這是一個相當大的問題，議論歸議論，人人卻不能不承認見於實行的艱難。因此，未來的趨勢可能是走折衷型的途徑，使其面面顧到而取得妥善解決。例如東京大學教授伊藤滋主持下的「首都機能調查研究會」，即已首先爲此指出了可行的方向。

該會受東京都廳委託，由博學多識專家十人組成調查研究小組，於一九九〇年夏間提出了報告。其第一部份是對遷都論的批判：

一、東京之過密與一極集中現象，係由於政治、經濟之中央集權制所形成。此一體制不變，縱將首都遷至他處，亦仍在他處重現此一現象。

二、遷都需付出龐大經費及數十年時間，國民生活受重大影響，徒增勞民傷財之弊。

三、遷都論爲脫離現實之空想，並無非如此不可之必然性。

四、國際化中之政治與經濟，有其密不可分之關聯。東京之能發揮政治機能，端賴其已具國際的經濟鞏固地位。

報告的第二部份是屬於新建議的論點：

一、儘量將無在東京都內設置必要之政府機關，予以裁減分散。

二、徹底移轉權限至地方政府，實現少人數之「玲瓏中央政府」，轉型爲「分散型社會」。

三、如此，則可擴展首都機能，將周圍之神奈川、埼玉、千葉三縣及茨城縣南部地區納入於東京大都市圈內。

該「首都機能調查研究會」的報告全意顯然是反對遷都之論，其針對「遷都」另造了「展都」一詞，主張以分散機能來擴展東京都的面積至週圍縣市，預告了東京都今後將在「展」上下功夫，愈展愈大。

京都是長安、洛陽的合縮型

日本的故都——京都，這座已有近一千二百年歷史的古色古香城市，能在第二次世界大戰中免於美國的轟炸，據說是得助於美方學者基於愛護歷史文物動機而向政府提出的建議，如此看來，京都跟挨了原子彈的廣島長崎及其他受空襲被毀的城市相比，眞是太幸運了。

京都古稱平安京，係建於八世紀末期，和中國有極密切的關涉。日本京都大學人文科學研究所教授、國立民族學博物館長梅棹忠夫博士在其編著之《京都案內》一書中，即對此一史實作了簡明的敍述（亦曾由NHK教育電視臺播映），其要點如下列：

一、京都爲三面環山之一盆地，最先定居於此處者係以秦氏爲主之歸化人集團，他們在各山麓拓有農耕地；保留到今天的若干古老神社如八坂神社（祇園）、北白川之天神、下鴨神社、今宮神社、西之松尾神社等，也都是他們拜神的遺物。

二、桓武天皇命使臣找到這塊盆地建立新都，一切都是以當時的大帝國唐朝都城長安與洛陽爲定規。故在日常用語中以京都比擬洛陽，將京都市內稱之爲「洛中」；市外稱之爲「洛外」；其自地方來京都者則謂「上洛」，相沿迄今。

三、佛寺之建築様式，均來自唐朝。判斷所有事物價值，皆以是否由唐直接輸入者爲標準。東寺爲代表之五重塔寺，其庭院空曠澹漠，最得大陸眞傳，首任該寺住持者亦卽爲留學唐朝歸來之空海和尚。現定每月二十一日爲紀念空海弘法大師之「緣日」，唯有是日可容攤販遊人羣集於該寺庭院，可見此種大陸式廟會亦爲直接輸入之習俗。

平安京在構造方面，像皇城所佔位置；官廳配列地點；住家與商業區的劃分，棋盤式街衢之交横等，整體都是長安洛陽的翻版，只是在全部規模上僅及其半，應可謂爲長安與洛陽合璧的收縮型。平安京的完成，實爲日本輸入唐朝文化的一大傑作，由是得以鞏固了日本政治文化的礎石。當時的日本除在律令（刑法、民法、行政法）制度上取法唐制外，更是全面性的接受唐朝文物，這可從許多冠以「唐」字之名詞作爲見證：如有關衣物裝飾者爲「唐織」、「唐綾」、「唐錦」、「唐衣」；有關文學藝術者爲「唐文」、「唐語」、「唐歌」、「唐繪」、「唐意」；有關建築者爲「唐門」、「唐橋」、「唐金」、「唐破風」；有關農耕具者爲「唐鋤」、「唐鍬」、「唐竿」、「唐臼」；有關日用品者爲「唐紙」、「唐本」、「唐墨」、「唐傘」、「唐櫃」……等，都和大眾日常生活須臾不離，這全是那個時期內日本派遣大批到中國大陸的留學生與僧侶們，往返渡海冒著生命危險而為祖國帶來的最佳回饋。

平安京之前，尚有位於奈良境內的平城京，那也是摹照長安而建造的，只是具體而微，僅有長安四分之一的程度。可惜這一早期都城久已蕩然無存，徒有一片原野遺址。不過，由現存於奈良的幾所古刹如法隆寺、東大寺、唐招提寺、藥師寺等建築、佛像、彫刻、繪畫的美術工藝水準之高而觀，亦可想像到平城京的建設宏規。

平安京這一地名從西曆七九四年（日本弘曆十三年）到一八六八年（日本明治元年），一直都是如此稱呼。至於何時起改稱為京都，以及其原故與經過，卻找不到確實答案。按「京」字與「都」字均具首都、首府之義，並無加以重疊必要。對於此項疑問，就是那位《京都案內》著者、京大教授兼任民族學博物館長的梅棹忠夫博士，既生於京都、長於京都，復畢業於京都大學，擁有渾身的京都資歷，也竟在其所撰〈京都名稱—平安隨筆〉（見一九五七年《平安雜誌》七月號）一文中，承認難以尋得任何有力資料作答。梅棹只能作推測式的詮釋，渠稱京都地名之固定化，當在江戶改稱東京並定都之後，蓋維新政府原有意將平安京改稱為西京，而獨大成性的當地人為表示堅決抗拒，在慣稱「京」一字之下再加「都」字逕行決定為京都，以求自尊，結果則造勢為共認之既成事實。梅棹的此一研判，可謂言之成理，這正符合了如本章第一節所引證之資料一樣，當年迄未正式明言遷都東京而事實上定都於東京；平安京也未經正式明言改稱京都而事實上定名爲京都，彼此心照不宣，都相互予以認可定局了。還有，在該節內尙提及「京都住民都認爲天皇與皇后遲早會再回京都」的願望，這在今日亦可證明並非完全等於夢想。近數年來東京人滿爲患、大氣汙染、地盤沉下、噪音擾亂、交通混雜、房地狂漲……種種弊病暴露無遺，因而迭起遷都爲良之呼聲，京都便是被看好的一個候補地。有一派論者主張先讓天皇率領皇室及儀典機關回到京都老家的「御所」執行分內的「國事行爲」，例如各國駐日大使都要來這裏呈遞國書，在儀式上竭求其華麗典雅，並配合宮外民眾與其接觸歡呼場面，開創「藝術化外交」，必可大放異彩，揚名於國際。這派論者認爲遷都須逐步推進，從分散東京的首都機能做起，京都最夠資格。

京都的寺院神社有一千八百餘所之多，恰如京都的俗話所形容似地：「只要隨處投一塊石頭子，就會落在寺院的屋頂上。」它並非誇張失實之詞。這些寺院神社都是京都千餘年以上的遺物，各有各的不凡來歷，久已成爲京都吸引年間近四千萬人訪客，作爲觀光都市的重要資源。它們的特色是不論建築與面積之大小，都無形中釀發獨立於俗塵之外的靜穆情調，讓人們置身其地可獲致暫時的精神安定與寄託，如合掌祈禱，默想沉思的行爲，就是在這種小天地中的自然流露。另一特色是庭園構成意匠之巧妙表現，像什麼小橋流水、引泉闢湖，廻廊亭臺、四季花開的佈局，都不足爲奇，最能突破時空限制而涵幽幽境界的創作，乃是運用極簡單的青石與白砂舖地條紋而形之爲「枯山水」；和容納園外遠近立體山林之勝以與園內配置整合之「借景」。

這些寺院的學風很盛，實際上也是作育學人的大學。往昔很多向學心切的人，便爲此做了和尚。在遣往唐朝的留學生中多數是和尚，即由於此故。從桓武天皇起，歷代天皇都熱心於獎勵漢學，尤喜愛漢詩，吟詠不絕，成了一個傳統。縱然在十世紀廢止了再派遣唐使與留學生，此一傳統則並未中斷。直至明治時代建立了「西化」學制爲止，京都寺院始終都是負有施教的任務。當十七世紀之初，日本邁入了江戶時代，是漢學的重振期，新的內容有朱子學，而五、七言詩的唱和傳統，更見充實光大。自相國寺還俗的一位漢學大師藤原惺窩最孚眾望，其門生如：林羅山、松永尺五、那波活所、石川丈山、管德庵、吉田素庵等人，都是日本近世儒學的開拓者。其中之石川丈山，爲一多才多藝之士，精於書法與茶道，受當時學人譽稱爲「詩傑」。從他以富士山爲題的一首七絕如：「仙客來遊雲外巔，神龍棲老洞中淵，雪如紈素煙如柄，白扇倒懸東海天。」亦可看出他的漢詩根基和風格。他原名凹，別號有一大堆：六六山人、四明山人、凹凸窩、大拙、烏麟子、山木、山材、藪里翁、東溪、三足老人，這些別號正可作爲他的詩人氣質之自我告白。他活到九十歲，遺著有《覆醬集》二十卷，更給京都遺留下了一件永久的紀念品，那就是他在一乘寺內建造的「詩仙堂」。

這「詩仙堂」供奉著中國的三十六位詩人，此舉眞是令中國人自嘆弗如的一大佳話。石川丈山讓畫家狩野探幽爲他選定的漢、晉、唐、宋三十六位詩人繪出肖像，再加其本人題字，懸於堂內。這三十六位詩人計爲：蘇武、謝靈運、杜審言、李白、王維、高適、儲光義、韋應物、韓愈、劉禹錫、李賀、杜牧、寒山、林逋、梅堯臣、歐陽修、黃庭堅、陳與義、陶潛、鮑照、陳子昂、杜甫、孟浩然、岑參、王昌齡、劉長卿、柳宗元、白居易、盧仝、李商隱、靈徹、邵雍、蘇舜欽、蘇軾、陳師道、魯幾。詩仙堂的興建與存在意義，在於說明了中、日兩民族同在漢字文化系統內，藉著共通的漢字詩體能交流共通的感情與理解。三十六位詩人之能有海外知己──石川丈山，是靠了他們的漢字詩體能與石川丈山對話傾心。

京都是蓄積了多彩多姿的日本文化發祥地，花道、茶道、書道、能樂、狂言、歌舞伎……均在此出生成長。由名產京人形、京陶器、西陣織錦、懷石料理、京扇子……便會立刻令人聯想到京話、京美人、和祇園一帶古裝濃抹藝女的舞俑。一年之中差不多天天都有祭禮與節氣儀式舉行，這是京都人最能表達其精神生活是如何豐富的實踐，那多種祭禮儀式都是在千餘年歷史中經過鍛鍊潤飾而成的。最大的三項祭禮是⑴五月十五日祈願五穀豐登的「葵祭」；⑵七月十七日驅除疫病禱告的「祇園祭」；⑶十月二十二日紀念平安京奠都的「時代祭」。另在八月十六日之夜，還有一個詩情畫意的煙火會，它是在京都的五座山腹上各佈成一個巨體的「大」字火床，在當晚八時一齊點火燃燒，使全京都處處都可遠眺那個火光燭天，通紅噴煙的「大」字，像此類出以奇觀來消暑的發想，本身就是藝術設計，唯有京都可以做到。

小處如街道之命名，也有啟發性的指引。名哲學家西田幾太郎（一八七〇～一九四五）生前每日散步的一條小徑，位於引進琵琶湖水爲京都運河的河畔，自銀閣寺至若王子約有兩公里長，櫻花樹株株相連的那條小徑，已被命名爲「哲學之路」了，這就是京都之爲京都的風情。

東京建都才不過一百二十幾年，比起京都來，那是太年輕了。京都人常講東京只算是政治首都，京都依然是文化首都與學術首都。京都人不肯服輸的一套說法，是由於京都確實擁有孕育文化學術的環境。

得諾貝爾獎金在國際間被視爲最高的榮譽，於是京都人又有話說啦，日本的得主共有七人，除佐藤榮作的和平獎另作別論外，其餘六名都是京都出身的學人。

〈附記〉

京都的情調需要保護

（本文爲日本名女評論家犬養智子（她是中國人所熟知的犬養毅的孫女）所作，載一九九〇年十二月十八日東京《讀賣新聞》。）

日本的最美麗市街，是京都。京都也是世界的都城。

我有時爲了工作，也有時純粹爲了旅遊，常往京都去。去年有一次在京都玩了兩個月。每當賞櫻季節；或是炎熱的盛夏；再不然就是鱧魚正可口的梅雨之前；或是寒氣襲人的嚴冬，在京都不論是何時何地，都可領略到她的情調。

可是，每次去都每次使我吃驚的地方，也就是京都。你瞧吧：那河畔拓寬了的街道，突然間蓋起了大樓，逐漸地把那些古意盎然的人家都趕跑了！

聽說京都大飯店要重建加高，京都車站也要建造更高的大厦。

「京都如果充滿了大厦，就不成其爲京都了呵！」

「祇園在以往本來是幽暗得滿有意境，近來花見小路的新店鋪卻俗不可耐地大放光明起來了。」

「京都人喜歡新花樣，眞是難以理喻呢。」

京都的有識之士，也唯有苦笑。

我目睹京都之變化，最感憂心的是怕那圓通寺的雄大雅致借景，會遭受到損害。世人均知那原是爲後水尾天皇建造之離宮，後來改成爲寺院，以比叡山之借景及靜寂之枯山水庭園見勝。但據說市政當局卽將在其附近田圃開闢道路了，一旦道路完成，那就必然會接著蓋起大樓來。到那時便是借景受損，歷經近四百年的景觀永久消失。

「在這保存故都景物時代，豈不是相反而行的愚行嗎？可不可變更計畫，把道路改改方向呢？」

「市政府的官兒不懂美學，只顧經濟優先的呀！」

「要曉得如果京都不成其爲原來的京都，誰也不會來的呵，簡直是自殺行爲嘛！」

美國人在二次大戰中把京都救了；如今卻是日本人存心要把京都給破壞掉呢！

《論語》出產了日本的漢學和儒學

日本在接受中國的文字時，正值中國大陸爲漢民族的漢朝時代，因而便很自然地稱中國文字爲「漢字」。其後亦即相沿此一方式，遇有與中國有關者，乃冠以「漢」之名稱來代表中國，如「漢人」、「漢語」、「漢音」、「漢文」、「漢詩」、「漢書」、「漢方藥」、「漢數字」……皆源於此。在日本文化發展過程中，居於最重要推動者地位的，是自古迄今仍爲社會中堅存在的「漢學」。日本的「漢學」一詞，係指專事研究中國歷代傳承學術的典籍內容而言；另又對宗師孔子而集聖人之教於大成的政治道德學問，則稱之爲「儒學」，實則兩者並無任何分歧之點，「儒學」亦屬於「漢學」之範疇，本質上是互爲表裏之一體。儒學之稱，只不過是凝縮於以研讀《論語》爲主題，含有強調尊崇孔子爲萬世師表及非宗教性的儒教始祖之意味而已。要言之，漢學、儒學同體，都是以《論語》爲入門教科書的。

《論語》一書之傳入日本，若照日本史書《日本書紀》所稱，則早在三世紀便已由百濟

（朝鮮半島之南端）的王仁攜來《論語》十卷與《千字文》一卷了。不過，這於八世紀撰成的《日本書紀》，是將紀元前六六〇年初代神武天皇的建國神話都寫在內的，所謂王仁攜來《論語》之說，出自傳聞的成分爲多，並無文獻實證。按佛教之初入日本，係始於六世紀中期，入七世紀後又有日本派赴中國大陸之遣隋使與遣唐使，《論語》在此一時期源源輸往日本本土，並普及於朝野，當是順乎常理之事。九世紀末期集錄當時運至日本的漢籍書目編成之《日本國見在書目錄》中，其所開列的《論語》版本計有：

《論語》十卷　鄭玄註
《論語》十卷　何晏集解
《論語義疏》十卷　皇侃撰
《論語疏》十卷補　褚仲都撰
《論語義》一卷　王濛撰
《論語音》一卷
《論語弟子錄》一卷
《孔子正言》二十卷　梁武帝（蕭衍）撰
《孔子家語》二十一卷　王肅撰

此項資料確證了《論語》移植於日本，在新都平安京的土地上，爲日後儒學之結實培育了種苗。那時所有的寺院、大學皆以《論語》爲必修課程，且逐漸擴展於社會各階層，《論語》成了人人必讀的生活規範。這種影響力亦是由日本佛教對《論語》特予認同而來，如名僧空海在其所著《三教指歸》、《十住心論》中，處處均引用《論語》之語句闡明儒佛相輔相成之思想眞諦。迨空海留學唐朝返國後，更基於實踐孔子「有教無類」之教育主張，在平安京東寺旁開設「綜藝種智院」學校，他提出的施教信念便是引述《論語》的〈里仁〉篇「里仁爲美，擇不處仁，焉得知！」及〈述而〉篇「志於道，據於德，依於仁，游於藝。」由此亦可推知記述孔子言行的《論語》，在日本已是如何地深入人心，發揮著成才進德的大眾教育效果。

《論語》研讀在數百年長期間切磋琢磨中，已使儒學的道德倫理價値觀，潛移默化於日本大眾社會。及十七世紀之初，德川家康將軍開幕府於江戶，亦卽史稱之江戶時代揭幕後，儒學取得幕府之大力支持，益見蒸蒸日上，爲日本史學家譽稱之「儒學文藝復興期」。當時德川幕府統一全國諸藩，各藩均設有藩校共計二百八十所，另又有私塾共計一萬餘所，就學生徒都是從《論語》讀起，此一情況和中國大陸的官學私塾相較，並無若何不同之處。

在江戶時代之前，設塾講學是屬於須經統治者許可的一種特權，非普通市民所能插手。

緣有京都之學者林羅山其人，開館講學《論語》，事爲京都之明經博士船橋秀賢向朝廷告訴，廷議徵求德川家康意見，這位將軍認爲不但不應對其斥責，反而應予以嘉獎。於是，林羅山因此馳名，學術自由化亦賴此得以展開，使學人有了謀生的講學新職業。

林羅山原是在京都建仁寺學佛的，中途轉入漢學大師藤原惺窩之門後，卽專事鑽研朱子之「論語集註」。他經藤原惺窩向德川家康推薦，仕於江戶幕府，掌文筆，參劃教育制度，並經常爲德川家康講解《論語》，以《爲政》篇「爲政以德，譬如北辰居其所，而眾星拱之。」迭向家康進言德治之道，是忠於「學而優則仕」的標準學人。由於他自京都前往江戶，又加江戶已不啻爲實際之政治首府，遂使日本儒學的重心也遷至江戶了。林對「朱子學」嫺習極深，文宗韓愈，詩摹杜甫，著有《羅山文集》及《羅山詩集》，爲一淵博之漢學家。

在這一儒學文藝復興期內，有關《論語》的日人論著與新注解大量問世，其最著名者如下列：

伊藤仁齋著有：《論語古義》、《孟子古義》、《中庸發揮》。伊藤被目爲《論語》研究的最高權威，他一生不求仕進，門生有三千人。他的名言是：「《論語》爲至高至上之宇宙第一書。」

山鹿素行著有：《論語諺解》、《聖教要錄》、《四書句讀大全》。

中江藤樹著有：《論語解》、《鄉黨篇啟蒙》。

荻生徂徠著有：《論語徵》、《學庸解》。

吉田篁墩著有：《論語集解攷異》。

佐藤一齋著有：《論語欄外書》。

中井履軒著有：《論語——二千五百餘年來天地間第一文章》。

太田錦城著有：《九經談》。

豬飼敬所著有：《論語考文》。

這些人們都是漢學素養極高的碩儒，其論著中對中國的多種《論語》注釋之書，廣予徵引並加批判，亦同時提出了他們的識見，本於愼思明辨，自出機杼，等於是爲中國歷代的《論語》注解又加上了一種前所未有的來自海外的日本《論語》新說。事實上，日本的這些研讀《論語》專著，也深受到清代學者如顧炎武、毛奇齡等人的重視與爲文介紹；考據家劉寶楠在其名著《論語正義》中卽曾引用了伊藤仁齋的《論語古義》，和荻生徂徠的《論語徵》見解。

江戶時代確乎是日本儒學的全盛時代，《論語》成了必讀之書，其深入於社會的程度可見之於文學作家們相率以《論語》題材而寫的詩歌小說；戲劇家們則擇其箴言、人物、故事穿插劇情上演；以至娛樂界之說書、相聲、彈唱等亦皆流行採取《論語》章句，編爲警世寓言。

祭祀孔子的孔廟，也照著亡命日本的朱舜水所作《學宮圖說》的模型，於一六一九年在江戶湯島建成。孔子、《論語》、漢學、儒學的書香氣，爲日本島、朝鮮半島、中國大陸三地帶結起了漢字文化共依爲命的協同體。

明治時代的「西化」政策，「脫亞入歐」的呼聲，對日本的漢學儒學是一大震撼。但《論語》這一讀本卻又被安排下一個新的導向，那位經濟產業界的領導者澀谷榮一（一八四〇～一九三一），自稱爲「《論語》的鼓吹者」，主張「以《論語》作爲經營商業的指針」，「將算盤基礎置於《論語》之下」。他在《實驗論語處世談》中稱：「政治離不開經濟，二者不可分離。」「經濟之道在於求富求利，但須不爲己身之私念是謀。」他便舉出孔子的理論如〈里仁〉篇「富與貴是人之所欲也，不以其道，得之不處也。」〈述而〉篇「不義而富且貴，於我如浮雲。」〈里仁〉篇「放於利而行，多怨。」〈雍也〉篇答子貢問仁「夫仁者，已欲立而立人，已欲達而達人，能近取譬，可謂仁之方也已。」作爲實踐信條，律己律人。他爲了鼓吹《論語》教育，特大量印行「袖珍型」《論語》讀本，俾易於攜帶，人手一冊。繼他而陸續印行此型者則有《袖珍論語注解》、《袖珍論語句解》、《袖珍通俗論語》、《袖珍論語新解》、《英漢和對照袖珍論語》……等多種出版，呈現了一片袖珍型熱。

七七事變前卽一九三七年三月十七日的東京《朝日新聞》，刊有一段報導日本訪華經濟使節團到南京，與當時的國民政府軍事委員會蔣介石委員長會談的新聞，其中卻觸及澀澤榮一與《論語》的話題，以及牽涉到中日兩國戰爭前的情景。話是先由蔣委員長提起的，他在致歡迎詞時說：

「我在往年曾訪問日本會晤現已作古的澀澤榮一老先生時，他曾送給我一本《論語》，並指出〈衛靈公篇〉內『己所不欲，勿施於人』一節，讚稱爲最適用於國際關係的金言，甚盼中、日兩國均能善體此一金言而見於行。我感其隆意，所以至今都還把老先生送給我的那本《論語》放在書齋內，時時作爲個人處世的訓勉。我今天在這裏很希望光臨鄙國的諸位先生們，能基於《論語》的這兩句話來考慮調和兩國之間的關係。」

《論語》之於中、日兩民族，眞是家喻戶曉，差不多人人都隨時隨地說話也好，寫文章也好，喜歡引用一兩句，強化語意文質。戰後日本的「再西化」，也並未波及到《論語》，各大公司行號正如那位「《論語》鼓吹者」澀澤榮一所導向的經營算盤方針，在經常地舉行著「《論語》講習會」。

明乎此，便可知道名作家井上靖在晚年以小說形式寫作了《孔子》一書，於一九九〇年問世後是最暢銷書之一，乃是並非偶然而起的社會現象，原是正合讀者所需求的。一位無名的日本作者，寫了這樣一首頗含調侃意味的詠《論語》詩：

「有一本書稱做《論語》，
說是好書定要我熟讀。
拼命地把它讀過了，
一點都不覺得有趣。
可是經過十五年後，
偶而又再翻讀一遍，
才曉得它眞是醇美，
溫婉、優雅而深邃。」

姓多而奇居世界第一位

日本人的姓，在其一億二千二百七十八萬總人口中，有十三萬餘姓之多。中國的總人口十倍於日本，但就姓之多寡來作一比較，根據宋本《百家姓》所載單姓四百零六；複姓三十合計，卻是少而又少地只有四百三十六姓，這一差距實在太大了。再以西方國家與日本相較，照日本姓氏研究家丹羽基二編著之《姓氏趣味讀本》內資料以觀：全歐諸國之姓約在五萬左右，亦遠遜於日本，所以大家公認日本人的姓之多，是世界第一位。

在另一方面，日本人的姓不僅是多，而且由姓之漢字字義所示，讓中國人看來，更是覺得它的構成包羅萬象，其奇奇怪怪之處，也得數世界第一了。例如有的叫：犬養、犬懸、猪飼、猪首、猿毛、猿渡、吾妻、妻鳥、雪吹、笛吹、虎杖、烏賊、三手洗、御手洗、一本槍、一二三……都是令人望字生義而噴飯到不敢相信的程度；還有在中國人平日最忌諱的若干字眼，日本人則竟堂而皇之地用來作姓，如：鬼頭、九鬼、百鬼、鬼門、鬼熊、鬼極、鬼松、鬼倉、鬼久保、石龜、龜井、龜田、大塚、飯塚、塚本、富塚、赤塚、墓前、大蛇、泥濘、苦瓜、天狗、狼、阿呆……則又不禁爲之愕然！西方國家的人們因不諳漢字的望字生義之妙，對日本人之姓只憑其發音拼成音讀，自然對這些奇特犯忌的姓毫不在意，可是一經翻譯而瞭解其字義後，也都是大感興趣與駭異，認爲不可思議。那些研究「日本學」的學者們，亦頗不乏從事這項鑽考的有心人，追本溯源，這項題材範圍原是解析日本歷史的重要線索。

他們的鑽考亦因受困於漢字繁複多義之故，往往誤將「名」視之爲「姓」，忽略了日本在明治維新之前，一般平民只有名而不許有姓的史實。在有名而不許有姓的時代，農民、漁民、商人、工人們，也常以屋號（類似中國的堂號）代用爲姓，並代代世襲相傳。這些佔最多數的人民之能有姓，係始自一八七〇年（日本明治三年）九月的日本太政官佈告。在此之前，有姓乃是朝廷高官貴族名門將軍藩主武士的特權，如今則一變而爲普及於人民大眾的同權了。於是，大批大批的無名人民大眾就羣往寺院、藩校請求那些有漢學根基的僧侶和教師代爲取姓，由於人際關係、背景環境、情緒反應等種種因素，有的固然經過愼思斟酌而定；有的也難免潦草速決湊數了事，這便是日本人的姓多而奇的根源。

綜觀日本人的舊有姓與新生姓，過半數係取自大地區、城市以至小村鎭、街巷在內的地名；其他則可分類爲取自官位名稱、職業種別、自然現象、宗教因緣、建造物、動植物、食品、器材、數字、季節、方向……等方面。其所用之漢字以：川、田、山、大、小、野、島、津、原、村、井、本、中、東、西、上、下、藤、河、秋、日、月、星、土、木、天、飯、石、江、高……等字爲最多。在十大姓中，以鈴木居首；佐藤次之；以下之順序爲：田中、山本、渡邊、高橋、小林、中村、伊藤、齋藤。此一順序，初見之於佐久間英所作之調查，但最近又有「日本友尼巴克社」及「朝日生命保險會社」之調查統計公佈，將佐藤列於鈴木之上。

以漢字筆劃最少的「一」字以及全由數字連列而爲姓，也是日本人姓中的獨一特色。如下列者則分布於全國各地：

一、一二、一二三、一二三四、二十一、二十二、二十四、二十五、二十九、三二、三四、三七、三八九、三九二、四十、四七、四十九、五六、五三、七五三、八十八、九、九九、九十、九十三、九十九、十一、十二、十三、十五、十七、十八、八九、五百、八百、百、百千、千、千百、千萬、萬、百萬、三千、四十萬、六萬、八萬、二萬、十萬、億……。

這類姓，看起來簡單，讀音卻並不簡單。其超越常規之讀法，一般人就不見得會讀。例如：「一」字讀爲「卡茲」；「九十九」讀爲「刺庫毛」；「四十萬」讀爲「希幾馬」，還得查名漢學家諸橋轍次所編的《大漢和辭典》，才能曉得究竟。不僅這類姓如此，極多的日本姓各有特殊讀法，查《大漢和辭典》也是查不出那漢字何以會這樣讀的注解。舊姓中有關歷史、人物、地理、習俗的變遷，而有其發音的曲折轉合，這是一套姓氏專門考證學問。

日本女性在一生中註定了要有兩個姓，一出嫁，便要改隨夫姓（如發生離婚後並再婚，又當不止兩姓了）。男性作了養子或贅婿，自亦須改姓對方之姓，這一點同於中國；只是前者和中國的習慣大不相同。

日本的《戶籍法》第一〇七條一、二項規定：人們可提出事由申請變更姓名，於取得家庭裁判所之許可後，再向居住地之區公所正式登錄。類似前述中國人看來可笑、禁忌的姓中，有的日本人也覺得不妥，如「猿毛」、「苦瓜」、「天狗」、「阿呆」、「狼」等，只要本人申請改姓，便早已是列入於許可範圍之內的。此外，有的不是字形字義不雅而是聽起來讀音不雅的，也可辦改姓手續。如「大楢」之姓，單從字形字義上講，並無若何可議之處，但讀音爲「奧那如阿」，則和放屁之「屁」同音。據說曾有一姓「大楢」之人與友相約在某一喫茶店相會，大楢在等待其友蒞臨前，喫茶店內侍者接一電話謂：找「大楢」講話，該侍者當卽向在座之客人羣中詢問何人爲「奧那如阿」先生，結果，全室內皆爲之大笑，使得那位「大楢」竟害羞得不敢出面。事後，該「大楢」其人卽申請改姓，並立獲批准。（見大島英一著《姓名變更》）

日本人在新識互道姓氏時，雙方都是急忙得一手先摸上衣或襯衣口袋，那是在掏名片皮夾的。然後捻出一張，雙手把名片正面朝向對方捧呈，其恭敬之狀，爲日本人日常禮儀作法之一環。日本人很盛行交換名片，這名片上的姓名之旁，一定會印有其本人所屬的機關、會社、團體組織、學校……的職銜，對這職銜是最重視的。如果只是姓名而缺少職銜，就等於暴露自己沒有正當身分而同於無業遊民，在對方眼中便降低了尊重價值。常見一般舉行酒會、餐會、茶會時，出席者在簽到處領到掛於上衣左方的姓名牌，其上亦必寫出其人之職銜，那怕是現已退休無職，也要在以往的職銜上加一「前」或「元」字，以證明其「確有不凡來歷」。有人形容日本社會是「肩書（職銜）社會」，一點也不假。單是從這些小節上，即能看出最逼眞的現實。

遇有稱呼對方時，不能直呼其名，必須加以敬稱，乃是中、日兩國在禮貌上共通的尊他自謙之道。日本人把直呼人之姓而不加敬稱的失禮行爲稱之爲「虐比斯呆（呼捨）」，當做是難以忍受的侮辱，這一點比較中國嚴重得多。日本報刊上凡屬論及任何人之姓名，亦必加敬稱；若因人數衆多而予以省略時，便要在文前或文後特加註「敬稱略」三字先作聲明，由此可知其奉行之嚴格。這其中有一緣故，日本報刊上只對刑事犯者之姓名一律不加敬稱；但對普通不問是身分高低的人，則一律不得失禮。所以日本人看到中國報刊上對日本政要與各界名人，都是直寫其姓名，既不加稱其職銜；亦不加敬稱之處，便不免發生誤會，即在於此。

日本人的名字，男女之別是極爲顯明的。「子」之一字在最初原係代表男性（如遣隋使「小野妹子」）者，自入九世紀平安時代後，則轉爲女性所獨佔。據日本研究姓名專家近年來之調查統計稱：在一九五〇年前，以取什麼什麼「子」爲名者最盛，現則有百分之六十以上的女性不取「子」字，而另以其他可象徵女性溫柔端莊靜美之漢字爲名。男性方面在十九世紀明治時代至二十世紀大正時代，多取名「郎」字，如長男爲「太郎」、次男爲「次郎」、三男爲「三郎」；或在「太」、「次」、「三」之上再加一漢字者是。其後，則恆見名字不越出兩漢字，最常用的漢字爲：男、夫、義、雄、孝、忠、武、敬、幸、英、隆、健、勝……等字，作家長的人總是基於望子成龍之心儘可能選擇含有吉利意義的字眼。及至最近，大有嶄新躍進的趨勢，這是戰後再西化過程中成長起來的一代，他們打破了若干取名字的禁忌，其爲自己的下一代採用的漢字頗有追求未來的理想，更有的以日本字母「假名」代替了漢字的地位。

創建中華民國的國父孫文，字逸仙，別號中山，國人均習慣於以其別號稱之，例如：將他的家鄉改稱爲中山縣；其安葬於南京紫金山之陵墓亦稱之爲中山陵；各地之路名中山者更比比皆是，臺北市即有中山北路與中山南路。實則此一別號爲國父奔走革命居留日本東京時，偶然所得之一「化名」。據國父之日本友人平山周回憶錄所稱：有一次他在橫濱迎接國父登岸並同至東京投宿，路過日比谷公園旁的中山侯爵之住宅，見到大門柱所懸的中山名牌留有印象，適即在該處附近之松本樓旅館下榻，當旅館主人持登記簿前來求登姓名，國父爲避免受日方警察及清廷派駐東京人員耳目注意起見，乃署名日式姓「中山」，再於其下加一「樵」字。後來搬到牛込區內筑土八幡租屋，其在大門柱所懸之名牌，則又改爲「高野長雄」。蓋有一明治維新志士名「高野長英」者，其人爲名醫，國父對此人素表尊敬，又兼本人亦係醫生出身，故而用此相似姓名藉作紀念。

中國人稱爲國父的孫中山，跟日本姓氏還有這樣一段密切因緣關係，這眞是極富珍貴文獻性的史話。在日本，中山是姓；也是地名，日本全國中到處都有。德川幕府末期尊皇派公卿中山忠能爲此姓中之名人，更爲人所共知的是他的兒子忠光爲「天誅組」首魁；他的姐姐則是明治天皇的生母中山慶子。

「仕方無」與「沒法子」同義

東京都知事鈴木俊一曾有一次邀請了居住東京的二十一名資深外國新聞記者座談，謙虛地向這些有左右國際視聽力的人們，徵詢對東京的印象與意見。在有褒有貶的發言中，一位美國的美術評論家吉塞爾大訴其自身的苦經，說明他的住處晝夜受太保摩托車暴走族的噪音干擾，曾屢次請求警察設法取締，卻始終都只能得到「仕方無」(Shikataganai) 的回答，竟毫無對策。因此，吉塞爾就不客氣地說：「日本話中最叫人怕怕的就是『仕方無』這句口頭禪，已聽得够够的了。」(見一九八三年七月二十日東京《讀賣新聞》朝刊第九頁版)

按日語之「仕方無」(讀音爲Shikataganai) 與中國語之「沒法子」同義，是普遍應用的口頭禪。若單憑字義、口氣來作狹義的解釋，確實是表示消極認輸、失望、灰心的終止情緒；但也含有自嘲、自怨、自慰、自了等多種意味，是東方和平處世哲學的日常詞句之一。當人們面對衝突對立或困苦艱難問題，若以此一口頭禪作自語或對話互吐心聲時，便能滋生冷卻緩衝作用。

那位美國人吉塞爾將「仕方無」討厭到「聽得够够」的程度，亦足證這一慣用的日語口頭禪應用之廣。而他單單捉住了這句口頭禪來作評論根據，卻和戰前日本軍國主義時代以中國人的口頭禪「沒法子」套在研究中國的課題上，頗有異曲同工之妙。

戴季陶著《日本論》中曾舉出日本之研究中國，已到了無微不至的地步，把中國推上解剖臺已作了不止幾千回的解剖；並灌入試驗管已作了不止幾千回的實驗。實則日本在那個時期的對中國研究，尚可分爲兩大類別來看，到了後來，則只是清一色的取媚軍國主義者的濫調了。第一類是以學術界學者爲主流，涉及的範圍很廣，正像戴氏所說只要走進日本書店就可看到陳列滿架的日人所著有關中國哲學、文學、藝術、政治、經濟、社會、地理、歷史等專書，此一實情，凡是到過日本有短暫居留經驗的中國知識分子，都會有同一觀感。例如在民國初期，中國人還沒有本國人寫成有系統的中國文學史，日本便早已出版了文學博士鹽谷溫所著一大厚册的《中國文學史》宏著了。至於第二類則是屬於專仰日本軍部鼻息的御用學者、新聞記者、浪人、特務調查員所構成的集團。他們的出發點和企圖目的，全是爲了配合擴張政策，以醜化汚化「支那」「支那人」來製造掩飾侵略的理論。如右派組織「黑龍會」頭目之一的內田良平，卽爲其中之始作俑者。他連續發表的論著計有《日本的三大急務》、

《支那觀》、《支那解決論》、《對支問題解決意見》、《對支政策意見》等，都是煽動吞食中國野心的內容。其對「支那人」所下的結論是：「將見悉成爲個人主義之人，流亡之民，唯以爭利爲先。個人主義的結果是悉成爲冷笑道德之人，冷笑道德的結果是悉成爲不問國家興亡之人，不問國家興亡的結果是悉成爲無戰鬪力之人。」

內田的論調，不消說，正合日本軍國主義者的口胃。第二類的研究中國集團，便千方百計地爲內田的結論去找各種根據，於是中國人的口頭禪「沒法子」便像珍寶一樣地首先被看中了。他牽強附會地引伸爲對中國民族性格的分析，認定「支那人」的「沒法子」所表現的是悲觀絕望，自暴自棄，根本失去了進取心志，理應由神的子孫日本人來統治，才合乎情理。

就是這樣狂妄、自私、自大的夢囈，驅使了數百萬日本軍民陷進侵華戰爭的無底洞，並將整個日本帶到滅亡的邊緣。

戰後的日本，最先對日本的「仕方無」和中國的「沒法子」兩語彙提出新的解釋與比較的，乃是那位著名的漢學家安岡正篤。他在講「三國志與人間學」的連續講學中說：

「中國人和日本人的人生觀，呈現著不同的對照。就拿『沒法子』和『仕方無』的慣用語來說吧：日本人的『仕方無』是一種垂頭喪氣的消沉性質，在講這句話時已經是被壓扁而失去了復起的意志；中國人怎樣呢？假如你看到他說『沒法子』而認為『那個傢伙終於被制服了吧』的話，那才是天大的錯誤！他所說的『沒法子』的骨子裏是含有『等等瞧，再接再厲』的積極性質，在他講這句話時已經就下了盤算以後如何活動的決心。」

安岡的這席話，雖是對戰前右派歪曲「沒法子」所發謬解的一種校正，但也未免太自卑自謙了些，也把「沒法子」吹捧得太高了些。不過，以安岡的權威漢學家地位，能講出這樣的話來，其對日本各界人士發生的效果，也確有一言九鼎的重量。後起的中國問題研究家外國語大學的中島嶺雄教授，在其所著《日本人和中國人的差異》一書中亦曾論及「沒法子」和「仕方無」稱：

「大家都曉得『沒法子』是譯為『仕方無』的，也常被拿來作為舊中國的標誌用以判別中國人的性格。可是『沒法子』絕對不是表示已經死心塌地承認失敗啦、算啦、走投無路的境地；而只是認為目前雖然無計可施，將來總還會有辦法。應該知道這句話是『耐性見地』的表現，足以證明中國人不慌不忙善作長遠打算的柔韌。過去日本侵略中國時，日本人總以為中國人眞的『沒法子』走入窮途了。殊不知『沒法子』的深長內涵是：縱然當時是走入了窮途，但是將來必然會有一天，中國人要把日本人打倒、驅逐的一天到來。」

中島的解釋，很顯然地和安岡所講的近乎完全一致，這是對「沒法子」突出的新觀點，將戰前屬於第二類研究中國的浪人型集團以惡意解釋所釀成的陰濕冷酷之氣，拭去了一大半，可惜的是仍未能道出這一句「沒法子」所蘊涵的另一面晴和導向的禪機，安岡和中島都太偏重於「報復性」而忽略了此外的多種意味。

在戰前，散佈那種陰濕冷酷之氣的大眾傳播媒體，主要是東京、大阪發行的《朝日》、《每日（日日）》、《讀賣》三大新聞，專以刊登各種故意詆譭中國的記載，挑撥蔑視仇視「支那」「支那人」爲能事。日常動輒可見到大號字標題「暴支膺懲」（意卽嚴加打擊懲罰中國），最令旅日中國人觸目驚心，幾視閱報爲畏途。而且尤其怕聽到「號外」的鈴聲（戰後因有電視之故，發號外已無必要），那是報館最能叫座的一個獨佔生意，送報人背在身上的一串鈴鐺連聲作響，抱著成捆的號外滿街叫賣。當時的號外內容十之八九是中、日兩國間又發生了什麼事件的報導，更不禁爲之時時提心吊膽。（當一九三六年南京發生日本大使館書記官藏本失踪事件時，日本政府卽曾企圖藉此事件進攻中國，極盡煽動之能事，東京的報紙有過一天出五次號外的紀錄。）

戰後重來日本的中國人，精神上最感輕鬆的是：再也聽不到煩心的號外鈴聲了；也看不見穿軍服的軍人了。

話歸正題，日本的「仕方無」（沒法子）一語，出於日本人之口，也並不像安岡所形容的日本人是那樣懦怯脆弱，它和中國的「沒法子」毋寧說涵義大同小異，都是由謙沖爲懷而生的一個語彙。那位美國美術評論家吉塞爾，以厭聞「仕方無」向東京都知事大發牢騷，應該說他的日語能力還不「到家」，離「到家」尙有相當距離。事實上，他所指出的那位警察歷次的「仕方無」回答，就含有「隱伏的歉意」在內，只是他未能體會出來。等到有一天，他對那種語氣聲調表情能心領神會時，也就不會再「怕怕」、「够够」的了。

新鈔票換上了新肖像

一九八四年十一月三日，日本政府將原有一萬元、五千元、一千元的三種鈔票更新，五百元的鈔票改爲硬幣。三種新鈔票除將長、寬度稍予縮小外，並將印在鈔票上的人物肖像另換新人，計一萬元者爲福澤諭吉（原爲聖德太子）；五千元者爲新渡戶稻造（原亦爲聖德太子）；一千元者爲夏目漱石（原爲伊藤博文）。這三人都算是日本明治時代（一八六八～一九一二年期間）的文教界工作者，在日本人心目中認爲他們的國際感覺、信念與作爲，對導向日本現代化國家建設，有思想上啟蒙的貢獻。十一月三日是日本於戰後訂定的文化節，日本政府擇定此一時日推出新肖像新鈔，無論是在對內與對外方面，都有想藉文化人面貌樹立日本國家新形象的意願。

福澤諭吉的父親是位好學的漢學家，在他出生的那天，恰好他的父親購到渴望已久的明律《上諭條例》這部書，因而便爲他命名「諭吉」。

福澤最初原是打算繼承父志，致力漢學的。但在攻讀荷蘭文，繼習英文之後，卽一心一意地嚮往西方。他在自修不輟中，靠了長於荷、英語文能力，終於找到了接觸西方的機緣。他先後於一八六〇年、一八六二年以從僕、隨員的最低級身分，隨德川幕府派遣的使節團前往美、歐。凡行經之處，必將親身見聞一一筆錄，其所著《西洋事情》就是根據這筆錄寫成的。綜計該書銷路高達二十五萬册，這在當時眞是掀動全國的巨潮，其影響所及，無異於爲長期鎖國政策打開了一面注入新空氣的天窗。他介紹了西方國家的文物制度和物質文明，主張開國以迎新世紀，所以後人譽其爲明治維新的原動力。一八六七年，福澤又隨幕府購買軍艦的代表團赴美，歷訪東海岸紐約、華盛頓等地，他携回日本的是大批大批的美國原版政經文史專著，由此可見他的遠見與抱負。

《文明論概略》和《勸學篇》爲福澤的另兩部名著，他一方面表達了對西方文化的追求，一方面也對日本的封建制度提出反抗與抨擊。他引用西方的天賦人權論和民主主義原理，爲日本人留下闡明人人平等的名言是：「天不在人之上造人，亦不在人之下造人。人由天生，萬人同位，實無貴賤上下之別。」

福澤對學問十分重視，主張人人須從事於致用之「實學」，他爲了貫徹此一理念，於一八六八年在江戶（卽東京前身）創立了慶應義塾，這便是今天爲日本作育人材之慶應大學的母體，財經界要員多係出身於此一私立名門大學。

新渡戶稻造比福澤諭吉晚生二十八年，兩人在出身與志向上頗爲相似，如同由苦讀漢學典籍，一變而爲竭力改習英文的西方崇拜者；均創辦學校並以教育事業爲職志；尤其是都堅持實用學問與濟世主義。

新渡戶是早期曾留學美國與德國的農業專家。當日據臺灣由兒玉源太郎出任總督時期，其向以大手筆著稱之民政局長官後藤新平，特以破例之優厚條件延攬新渡戶到臺北屈就該局殖產課長，期望借重他的新學識，俾有以展開經濟開發。新渡戶所提計畫首先是設立大規模甘蔗試驗場，着手改良品種，遂使臺灣能於短期間內，即能躋身世界五大糖業產區之一。

新渡戶由殖產課長昇爲糖業局長，在臺灣工作了約有五年。其後返日歷任京都帝大、東京帝大教授，東京一高及女子大學校長。在此之前，他和他的美國籍太太麥麗，還在北海道札幌以私財辦了一所「遠友夜校」，專以招收家境貧寒子弟爲宗旨。這校名乃是新渡戶取自《論語》首篇「有朋自遠方來，不以悅乎」的涵義。

新渡戶在國際間的知名度，可能還要高於日本國內，其故有下述三點：

一、他的英文著書《武士道》於一八九九年在紐約問世，引起西方人士最大興趣。德、法、俄、義、波、挪諸國的譯本爭相發行。再如在倫敦出版的《日本人之特性及外來影響》及《日本人論》等書，亦皆獲佳評。

二、他是一九一一年美、日交換教授的第一人，在美積極投入學人外交活動，常論及其所負任務謂：「願做太平洋的橋樑。」

三、他在戰前的國際聯盟任副秘書長達七年之久，對東西文化學術交流的促進，頗受稱道。如物理學家愛因斯坦、居禮夫人，文學家鮑爾巴萊利，哲學家柏爾古遜等名流均任委員之國聯專門機構「國際知識合作委員會」，即由新渡戶兼任幹事長。

新渡戶晚年亦曾任日本貴族院議員，太平洋問題會議日方理事長等職。他有一次在演講會後公開向記者們發表談話，觸怒了軍方首腦，幾乎惹火燒身，他說：「將來會使日本滅亡的乃是共產黨和軍部。」

夏目漱石是人人喜愛的一位小說作家。他的長、中篇小說如：《哥兒》、《草枕》、《咱家是貓》、《虞美人草》、《三四郎》等，至今再版不絕，在日本所有的文學家中，能始終受廣大羣眾擁護不衰者，恐怕以他爲第一人。

夏目有深厚的漢學根基，再加上他又在英國專攻英國文學，由這兩種文字融合而出的文句表現力，充實了他的筆調風格。夏目的作品中有一個共通的特徵，此即幽默、諷刺、以及諧謔的揉和，同時隱約構成對高尚、純潔、樸實氣質的讚美；相反地，對狡黠、陰險、虛僞的排斥。這種描寫和他常寫的座右銘「則天去私」四字格言所含心情，及其待人處世之道，是非常相符合一致的。

夏目不只是小說家，也長於書法、繪畫、漢詩及俳句。他的本名原是叫金之助，漱石則是他的筆名。他取此筆名的來歷，是得自讀《蒙求》（唐・李瀚撰，宋・徐子光補注）一書所載的一段故事。該書載稱：晉人孫楚語其友人王濟，謂願以石爲漱並以流爲枕。王笑其語誤，指流既不能爲枕，石尤難以爲漱。孫楚則強辯枕流可以洗耳，漱石適足磨齒。夏目對孫楚的不服輸性格甚爲激賞，並以此自況。

夏目做過中學教員、大學教授，也做過報館主筆，他以這三種閱歷，對人物觀察而描畫出的小說結構，都有他自己的影子在內，前者如《哥兒》；中者如《咱家是貓》；後者如《野分》，均爲此類之代表性創作。《哥兒》是他最早一炮而紅的試筆，藉第三者寫出他到四國松山中學教書，初入社會所遇到的種種人物與明暗相，最後是對醜惡的制裁，痛快淋漓，宛如一氣呵成。其筆鋒所烘托的心理把握，實爲一大奧秘。在此作《哥兒》中出現的四國松山道後溫泉，想不到現在也沾了夏目的光，一躍而爲觀光勝地了。

夏目一生淡泊名利，可由其婉拒日本文部省給予文學博士學位一事見之。「博士」不僅可提昇自己的社會地位，印上名片能得受者倍表尊重，也更是光宗耀祖顯父母的榮譽，而他竟寫給文部省的回信說：「本人但願今後僅以平凡之夏目其人過活。」

三千名兒童的小提琴合奏

東京皇城外北邊越過一條道路的「北之丸公園」內，有一座可容觀眾兩萬餘人的「武道館」大廈。自七十年代起，每年三月間在這裏照例召開的日本才能教育研究會全國大會，乃是該會全國各地音樂教室生徒的畢業典禮與音樂演奏會，在鋼琴伴奏中三千名兒童的小提琴合奏，是全世界音樂界唯一的「獨創節目」，並被視爲「本世紀的奇蹟」。

這「獨創節目」與「本世紀的奇蹟」的說法，有一段來由。緣有一位美國奧柏林大學的日本留學生望月謙兒，爲該校交響樂團小提琴奏者，他在未出國前，曾於一九五二年在東京看過才能教育研究會第一屆畢業生的小提琴集體合奏，深爲讚賞，所以他由美國專函才能教育研究會表示願向美國人作一介紹。經該會首肯後，便將第一次全國大會五百名兒童小提琴合奏的錄音帶寄給了他。可是，望月的回信來了，美國人的反應卻是冷漠而含有嘲訕意味：「美國人認爲這種五百名兒童合奏的『獨創節目』，根本是不可能之事。」他們雖然聽過了錄音帶，仍然是不輕予置信，甚至聲言：「如果眞有其事的話，那可算稱得起是『本世紀的奇蹟』哩！」因此，望月在信裏又提議謂：爲了讓美國人信以爲眞起見，是否可設法拍攝成電影片以釋衆疑。

在當時尚無簡易可用之錄影機的情形下，才能教育研究會很費了一番籌劃，才商得一家電影公司協助以最低價將一九五六年的全國大會集體演奏會拍爲影片，並寄給美國奧伯林大學的望月謙兒。恰好那時正逢俄亥俄州的弦樂指導者會議適在該大學內舉行，該校教授庫克便在會議場中放映了這一影片。出席人員看到、聽到那由五歲至十餘歲的數百名日本兒童們在集體合奏巴赫的難曲「兩提琴協奏第一樂章」，對其音色之抑揚合節，動作之整齊劃一，都不禁爲之驚嘆稱：「本世紀的奇蹟，眞地在日本出現了！」其後，許多大學的音樂教授如凱道爾、庫克等人，都陸續專程赴日考察才能教育研究會的教學方法，並於返美後舉辦講習會，使全美均熟知了才能教育研究會創辦人鈴木鎭一的小提琴教學稱謂「鈴木教學法(Suzuki Method)」。

被譽得二十世紀偉大藝術家之一人的大提琴演奏家卡薩爾斯，在他七十五歲的一九六一年四月來到日本，鈴木鎭一請他聆聽才能教育研究會的五歲到十二歲的四百名兒童小提琴合奏，卡薩爾斯當場驚愕得擁抱住鈴木喜極而泣，眼淚濕了鈴木的衣肩。卡薩爾斯在致辭時傾吐了：「我目擊了對生命最崇高的期許，增強了以音樂救世界的信心。」

「音樂教育者國際協會（I.S.M.E）」的第五屆國際會議，於一九六三年在東京舉行，參加者有二十九國代表五百十二人，研討的專題是：「如何增進全世界所有兒童的音樂教育」。出席的代表們多是歐美諸國音樂界名家，他們在會議期間都欣賞了才能教育研究會第九次全國大會的五百名兒童小提琴合奏，除美國代表團因早於數年前已由影片中看到過這情景並亦已熟知「鈴木教學法」而尚能保持鎮靜外，其他個個都感動得同於卡薩爾斯一樣的驚喜之情，報以如雷掌聲；那位蘇俄代表卡巴萊夫斯基與奮地在高喊：「好精彩呀！」熱烈激盪，使這一次為研討兒童音樂教育的國際會議達到最高潮。

日本才能教育研究會是以「鈴木教學法」為號召而推展兒童音樂教育運動的一個民間組織，成立於一九五〇年，總部設於日本中部的松本市；另有支部設於東京、名古屋及大阪等地；全國各縣市並均設有直轄之音樂教室。該會會長即為鈴木鎮一博士，自一九七六年起，他所主持的松本音樂院正式經文部省立案改為才能教育音樂專科學校，校長也是由他擔任的。自「鈴木教學法」馳名世界後，前往松本該音樂專校的歐、美、亞洲諸國留學生及短期觀摩的研究生與演奏家絡繹不絕，再加每年暑假期間，又有兩期為全國音樂教室生徒舉辦的夏令學校，他們都是專來接受鈴木親自傳授「鈴木教學法」的，故在街頭巷尾處處可見抱著、提著或背著小提琴的人，此項標識使松本市已在無形中有了公認為「音樂之都」的封號。

鈴木鎮一早年於十八歲時到德國習小提琴，當時他最感困擾的是日常所用的德語，但當他發現每一個三、四歲的小孩子都能說一口流利的德語，從而覺察到每一個國家的小孩子也都是不必學習就能流利地講自己國家的語言，因是領悟到一種啟示而創立以「母語式」學習為基本的教學法，此即善用兒童的感受力、記憶力、吸收力之強，使其在暗記與反覆之累積中茁長結實的「鈴木教學法」。

鈴木在戰後藉其教授小提琴對兒童實驗了他的教學法，頗有成效。有一次廣播電臺邀請了他的生徒們演奏小提琴，廣播記者於演奏完畢後播放出和他的問答。記者問他道：「以這樣幾歲的幼兒便能拉出這樣優美的樂曲，他們都是天才兒童吧？」鈴木竭力地否認了「天才」之說，他強調人的才能都非天生的，而是經過環境的培育始能成材。只要環境適宜，人人便可充分發展其才能。當時正是日本敗戰後的所謂精神破碎虛脫時期，有一位醫學博士本多正明在聽了這段廣播之後大為敬佩，認為鈴木的理念足可為當前走投無路的日本人賦予勇氣與希望，便立即親訪鈴木領教。兩人一見如故，情投意合，本多從此即立下志願，為鈴木的才能教育運動奉獻心力。本多係自幼居住美國習醫者，擅操英語，故在其後才能教育研究會年年派遣生徒前往美、歐訪問表演時，都是由他領隊並為該會辦理一切對外交涉的。他已捨棄了醫生本職，而專任該會的常務理事。

「鈴木教學法」的內容，可先從鈴木制定的三首標語窺其梗概：一是「每一個兒童都是可造之才」；二是「人是環境之子」；三是「讓美悅的音調美化內心」。這教學法的原則與特徵，有下列諸項：

一、學習越早越好。幼兒早期的發展對其未來成長的智力與性格最有密切關係，通過美好的音樂訓練，是助成其發展過程中心理與生理變化定向於健全的第一步，鈴木鼓勵三歲前的幼兒開始學習一種樂器，補填了現行學制規定六歲兒童入小學前的一段重要空白期，也是對那一段空白期缺失的糾正。

二、增進親子愛情。「鈴木教學法」規定上課時必須有母親陪伴，這樣可以讓做母親的於回到家中後幫助兒女練習，更可藉此加強親子間的和諧。鈴木在論及此點最關緊要時，曾講過風趣而意味深長的話，他說：「有人藉口事忙而不能照顧到兒女，這是說不過去的。試想在這世界上還有比培育兒女更重要的事嗎？假若眞有比這事還要重要的話，那就該等著把那件事做完之後，再生兒女好了。」

三、注重禮儀的養成。在初步個別教學時，首先從應有的禮儀程序開始，逐步養成習慣，絲毫不容鬆懈。

四、反覆練習與聆賞。讓兒童照教材進度儘量反覆練習，穿揷遊戲節目以避免對反覆萌生厭意；在家時並須時時聆賞唱片、錄音帶教材曲目，提高對照的興趣以促進步。

五、個別與團體課程並重。以合奏輔結愛羣合作精神，同一教材與統一技巧的團體課程，卽爲鈴木教學法養成兒童數百名以至現已三千名集體合奏之源流。西方國家中向以小提琴獨奏爲主，鈴木之集體合奏方式，爲全世音樂界創一先例。

「鈴木教學法」現已遍及於全世界的音樂教育領域，而且亦已有「國際鈴木協會（International Suzuki Society）」的國際性組織，擁有一千五百名散佈於世界各地的教師會員，包括美、加與南美諸國，歐洲的英、法、西德、比利時、瑞士、瑞典、荷蘭、芬蘭、西班牙等國。在美國，更有地區性的「鈴木協會（Suzuki Association of America）」，擁有六千名教師會員。至於接受「鈴木教學法」的生徒數字，據一九八九年本多正明博士在臺北演講時所稱，以美國爲最多，約近二十萬名；歐洲約有十萬名；日本約有六萬名。

臺北於一九八七年由輔仁大學音樂系陳主任邀請了美國從事「鈴木教學法」的知名教師肯特來臺出席「國際音樂教學研討會」詳解並示範鈴木小提琴教學法；八八年又由輔仁大學音樂系陳主任與其夫人主持之臺北弦樂中心聯合日本東京才能教育研究會的張教室生徒合辦了一次中日兒童音樂親善小提琴演奏會；八九年則由臺北《中央日報》邀請了日本才能教育

常務理事本多正明率領東京的石川教室與張教室生徒來臺，舉行了兩次介紹「鈴木教學法」的小提琴演奏會；九〇年更再由臺北「鈴木教學法」事務所與《中央日報》主辦了第二次「中、日兒童親善小提琴演奏會」，日本才能教育的東京都張教室、新潟縣的佐佐木教室、長野縣的宮下教室有大批生徒來參加。在兩次演奏會的節目單中，曾印有鈴木鎮一會長所寫的〈寄語〉（Message），簡短不到三百字，卻把他的才能教育運動理念完全表達了出來。如謂：

「中華民國臺灣的兒童也好，日本的兒童也好，都會是自然而然地、流暢地能講自己國家的語言。這樣一個擺在眼前的事實，充分說明了任何一個兒童在本質上都同樣具有接受施教的優秀能力。基於此點，為了要建立兒童人人可教的教育運動，便是推行我一向所主張的鈴木式教學法。今天就請諸位在此欣賞一下接受音樂培育的生徒們的演奏，作為上述論據之一實例吧。

兒童原是人人可教且能人人成材的，他們的優劣並非由先天而來，乃是端視施教方法如何而生差異。我請求大家好好地培育下一代，讓孩子們都獲致卓越成就。」

結婚「披露宴」是一場眞戲實演

日本的青年男女婚嫁，在戰後又一度「再西化」潮流中，固然不少是循自由戀愛之途而完成終身大事；但相當多數還是通過傳統式的「相親」階段成家。日本對「相親」所使用的漢字爲「見合」二字，讀音則是「米阿依」，照日文辭典的解釋，乃是：「男女經由他人仲介初次會晤，藉以決定是否成婚之謂」。其進行之動機與目的，類似中國舊式婚姻依據的「父母之命，媒妁之言」規範，講求門當戶對，郎才女貌等條件。不過，最大不同處是事前已由媒妁人先行交換了照片，然後始經媒妁人安排適當地點、時間與餐飲節目，男女雙方在各自家長陪伴下出席相見。這一點決不像中國的男女當事人那種完全被蒙在鼓裏，只靠媒妁人的一張嘴能言善道，任由擺佈。這初次會晤的「米阿依」當場印象如何，諸如談吐、態度、舉止、容貌、衣飾的表現很關重要，事後的評分可以決定有無結爲夫妻可能的緣分。做父母的眼睛單盯著候補的「女婿」、「兒媳」，一如嚴格的老師對待考生的試卷，一點都大意不得。好在一次兩次未成也不要緊，仍可再接再厲，有的是機緣。日本人認爲這種相親方式成婚，與自由戀愛方式成婚並行不悖，僅是程序上的差異，相親成婚是婚後再開始談戀愛，毋寧說更富刺激性而能耐久（從前主持南開學校的名人張伯苓就有過這樣的見解）。

在以往居中撮合相親的媒妁人，多係來自親戚朋友的長者；或喜於助人活動的年高德劭之士。因爲他們大都預先掌握到有關雙方家庭背景、男女品格的資料，所以這種相親結婚的實現率高；婚後圓滿率也高；尤其是離婚率的記錄最低，被列爲一大特色。可是，近年來人口密集於各大都市，徹底工商業化了的日本社會，那些蜂巢般公寓的羣居戶們，連僅有一牆之隔的緊鄰，都成了陌路人似地老死不相往來了。這種人際關係的變化，遂見報刊電視街頭的廣告中，出現了一種新興職業——婚姻介紹所，把舊有的「相親」（見合）方式擴大爲職業化的媒妁人專業。他們爲了廣闢財源，也眞動腦筋爲相親創製了種種樣型，像什麼「園遊會」、「跳舞會」、「茶話會」、「郊遊會」、「攝影會」、「納涼會」、「咯拉OK會」、「音樂欣賞會」、「情人節贈品會」……不一而足，作法儘求恰可配合需要，很能投當今所謂「新人類」型男女之所好。

一般日本人家庭都很遵守重視訂婚的一道手續，此卽所稱之「結納式」，男女兩家各照定規交換飾物以宣告婚事成立。一九九〇年的日本皇室熱門新聞是：繼明仁天皇當年與平民女性正田美智子結婚之後，明仁天皇的次男文仁（禮宮），也與學習院大學的一位平民教授之女川島紀子由相戀而終成眷屬。他們在結婚之前，也更有極爲鄭重的訂婚典禮，經過大眾傳播媒體極力渲染。皇室的侍從官著大禮服携帶飾物送到女家，執行皇室的訂婚名稱「納采之儀」時，還特別向日本國民解釋這一儀式與名稱，乃是取自中國周朝時代的六禮之一。

婚禮在日本，可謂爲和（日本）式與西式的混合體，計有神社的「神前式」；寺院的「佛前式」；教堂的「基督教式」；以及第三者見證的「人前式」。其中之「神前式」，算是純日本作法的儀式，新郎新婦在神社的神殿盟誓，要共分三次地每次以同一酒杯相互飲下共計九杯之酒，叫做「三三九度」，頗具嚴肅情調。惟無論是採取那一式，要皆在於爲婚姻合法化定位，往往是限於以對內爲主地僅由少數的家人親族知友參加觀禮卽可，最重要的場面並不在此，而是在此項儀式之後舉行的「披露宴」，來展示這次婚禮的規模、氣派、家世、人緣、與社會地位名聲的相應聯想，以收錦上添花之效。

披露宴須能在寬廣的場地；美味的酒席；優適的設備上，讓出席的客人們咸表滿意。其能做到符合這三項條件的，當以都市中的大飯店最合格。大飯店的經營者，也看到這一筆生意是經常可靠的收入，故亦不惜鉅額投資，儘量求其完善無缺，特對披露宴的設計，搬進來劇院舞臺所使用的音響、照明、道具以烘托氣氛，並訓練出類如影劇界的編導人員，指揮著全場的演出進行程序。

披露宴的舞臺劇化，在日本已普及全國成爲一套劇本。主角新娘新郎要按照這劇本，作一場眞戲實演。

披露宴的規模有大有小，普通都約在二、三百人左右。基本上，披露宴的酒席是西餐，但擺設的座席並非西式長條排列型，而是中國型的圓桌面，據稱這是爲了圓桌象徵圓滿，富有吉兆之意。大廳中的圓桌席次，早經聯姻兩家很費了一番斟酌地對出席者的社會地位、職銜、年齡、輩分、家庭交往關係予以適當排定，藉了取有吉祥名稱的桌號如竹、松、福、祿、橘、梅、壽、櫻、銀、金、雪、月、菊、錦、花、蘭、鶴、翁、扇、龜……等字樣，來沖淡客人高低層次的劃分。客人們在收受賀禮的簽到處都領有座席記號籤，入廳後尋到標識顯著的桌號，自己的名牌亦已置存桌面，大家各自就座，井然有序。接著，就是披露宴的一場眞戲就要開場了。

首先是新娘新郎在媒妁人夫妻前導下進入大廳，在眾目睽睽爭覩新娘子的熱烈掌聲中名副其實地登上了舞臺。因爲他們的席位並不在客人們圍坐的圓桌區域之內，而是在另一格局的要邁四、五道階梯同於舞臺的臺基之上，一條長方形桌子，四張座椅，新郎新娘居中，兩旁是媒妁人夫妻。這四人就座後，正面對著臺下團團圍坐的恰如劇院裏觀眾似地賓客。就從這時起，新郎新娘在這臺上的一切表情動作，便始終成了全場注視之的。女主角新娘更格外地特受關注，她的「演技」也要比男主角新郎吃力一些。

開場白始自媒妁人起立致辭。通常的情形是這位先生並非眞正促成兩家聯姻的媒妁人，而是被特別請來擔任這項名譽之職，要爲此一婚禮增光的名流。致辭的內容重點，在日本已有一套公式：詳述兩家的淸白高貴家世；新郎新娘的學歷與聰明才智，歸結爲予以再三的讚賞。這一套致辭不是單單由媒妁人講述，接下去的還有「主賓」陸續登臺。這個臺設在靠近新郎新娘媒妁人夫妻座位臺之下方，所稱之「主賓」乃是有別於其他普通賓客之謂，多半都是來歷非凡，非政界顯要；卽係財經鉅子；或學界權威；地方重鎭，也是出於對媒妁人同樣的期待，要使他們的大駕光臨能爲此一婚禮生輝。

這一波又一波的主賓各顯身手，有點像開演講大會，時間一拉長，使得喜事會場難免現出沉寂之象。雖然前菜已擺在面前；酒杯亦已酙滿，大家卻都不好意思動手。好容易盼到有一主賓端著酒杯登臺了，會場裏才頓時爲之一振而有了活氣。原來這位主賓在披露宴中居於主要角色之一，由他出來專司「乾杯音頭」的發號施令者，全場人員肅立中隨著他的一聲「乾杯」，然後也一齊高唱「乾杯」，將酒飲下以示共同的祝賀之忱。經過了這一關口，以下的節目就可輕鬆愉快地進行了。

新郎新娘雙雙離座，走向高大寶塔型蛋糕之前，以手執手姿態切蛋糕的一景，帶來了會場的高潮。新郎新娘的年輕同輩們在此時也敢於放肆起來，向新小倆口兒提出挑逗的要求。一時燈光閃閃，趨前攝影的人羣都對準了新小倆口兒熱絡的鏡頭。

大菜一道一道地上來，各桌在談笑自如中碰杯之聲不絕，已接近於半酣狀態。這時忽見電燈半熄轉暗，聽到司儀從麥克風播送出的報告說：「新娘換新裝入場，請大家鼓掌歡迎」，立刻又見電燈燦爛復明，一道空中彩色圓光燈照射著從正門大開處姍姍而來的新娘麗姿。她面帶微笑地緩步重登臺上原位，恭謹地向臺下俯首施禮，然後才坐定下來。她發散出來的又別具一格的新裝艷影，更增長了宴席上的酒興。

這換裝再入場（日語稱之爲「色直シ」）的節目，是日本結婚披露宴中不可或缺的主軸，其沿起始於日本神道教神話，含有意謂原係奉獻於神之巫女，獲准回到人間過活的傳說。如果新娘在最初入場時穿著的是綢絹質料以金絲銀絲繡成花鳥圖案模樣的和式禮服，這次入場當是著白色輕紗長裙曳地的西式禮服。這一點也正好說明了日本人凡事都務求其和、西混合並存一體化的構想設計。

喜宴進入了中程，又有年輕男女的一輩登臺致辭，在內容上遠比剛才那些主賓們的講話富有情趣，故能時時引起臺下各桌的哄笑聲，把會場攪得熱鬧了些。繼而卽有人在鋼琴伴奏下唱了起來，一下子變作了遊藝會，成了年輕人獨佔的天下，說相聲的；演口技的；彈吉他的，各種人才都相繼出籠。就在這當兒，人們都未曾注意到新娘已趁機又一次退場到後臺的化粧室，直等到司儀又一次從麥克風播送報告說新娘再換裝再入場了，欲罷不能的遊藝會始行戛然終止，大家又再一次地鼓掌，歡迎改著了最流行時裝的新娘再入場。新郎在這次是和她會合在一起，兩人共執著電火杖要按桌次將一桌一桌的蠟燭燃起，人人都有了以最近距離細賞新娘芳容的機會。

披露宴已近尾聲，這時還有最感人的一景：新郎向新娘的母親；新娘向新郎的母親，各行獻呈康乃馨鮮花致敬，並當面道謝其養育大恩。

當男女兩家家長致謝辭後，便站立在大廳門口等待歡送賓客，這時，新郎新娘已加入此一行列。眾賓客魚貫出場，每人手中都提著一紙袋回贈禮品，裏面除有誌慶點心外，則爲日常餐飲用品，可永留紀念。

舞臺劇化了的日本結婚披露宴，確是一場賣力的眞戲實演，共計需時約在三小時至五小時之間。

流行語喜以「三」來表達內容

日本的報刊經常地發表著，也同時製造著一些流行語，並陸續地出版了流行語專著與辭典。這類流行語，在本書第四章內曾引用過「戰後的女人和襪子堅強起來了」詮釋其與反映世態有關，隨著歲月更替，流行語亦日新月異，時事評論家們說這一趨向也是一種大眾積鬱情緒發洩的「出口」。

日本人喜以「三」之數字來表達所要包含的內容重點，例如「三膳」（飯菜）；「三役」（角力）；「三羽烏」（人才）；「三題話」（相聲）；「三百代言」（巧言），多不勝舉。在一九九〇年出現的「三高」，頗饒趣意，使年輕男性大受衝擊。何謂「三高」？即：「身材高、學歷高、收入高」三樣俱高之謂，乃是當今女性們擇夫而嫁的標準條件，指出男性們如果具備了這「三高」，便不愁娶不到美妻了。

其實，這「三高」的形成，亦並非自今日始，可以說老早就是日本男性們所共同追求的目標。身材高固然有其先天性，但也並非不能得之於後天的補救，如改良飲食與體能鍛鍊。戰後日本人日常生活上的變化，關於飲食方面由於「再西化」的風氣大開，恆以麵包、牛奶、巴脫、肉類、生菜取代了米飯、味噌、澤庵、魚介、納豆。居住方面已不再在榻榻米上曲膝跪坐，改而使用桌椅沙發。他如各級學校均普遍盛行體育活動，玩棒球到了全國呈現狂熱的程度；民間營業性的健身房遍處，更皆以增進身高為宣傳旗號。至於後二者，則有相互連帶關係，學歷高自然會有躋身官商機構的資格從而有高收入到手的希望。一般的日本家庭自小孩子進幼稚園起，就訂下了如何進一流名門大學的程序表，小學、中學時期除了既有的學校課程之外，一定還要入補習班或另請專門家庭教師來加強學力，準備大學考試過關。這是一段長距離的馬拉松戰，在報刊上流行語中一向年年登場的「試驗地獄」一詞，卽道盡了其中的辛苦。

戰前稱為國立東京帝國大學，而於戰後去掉「帝國」兩字的東京大學（簡稱為「東大」），乃是高學歷中魁首，居於人人羨慕憧憬的最高位。只要是從東大畢業走出了校門，十之八九便可在名利權位爭逐中佔得優勢。照日本政經中樞人物出身分佈圖覽來看，就是說實質上有形與無形中統治全日本的力量，都操之於東大出身者之手，亦不為過。譬如說吧：歷屆內閣總理大臣、各省廳大臣、以及國會議員等，固以東大出身者為最多，尤其不可忽略須要深加認識的是內閣各省廳的事務次官之重要性。他們是日本官僚制結構的柱石，規定於每星期一、四兩日正午舉行「事務次官等會議」，實際上就是日本政府幕後制訂與決定最高政策的機關。內閣各省廳的事務次官合起來一共是二十一人，再加上警察廳長官、兩官房副長官湊成二十四名，在這左右日本政治的二十四名官僚中，幾乎是常在保持著二十名爲東大出身的「人脈」。再就司法界而論，法務省、檢查廳已經早已形成爲東大獨佔體制，地方法院、高等法院的法官除了東大派系之外的人，也只能說是一種點綴，十五名最高法院的法官卽有十二名的學歷爲東大法學部，單此一點就可說明其權威性之高，而令其他學歷的衆生甘拜下風了。

日本政府官僚制的權力支配，根深柢固，已有了近百年的歷史，其發源地係出於昔日的東京帝大亦卽今日之東大，是經由有計畫地培育供應而成長的。每年春季舉辦的上級公務員考試，合格者約一千五百人，這批人沿此得以進入中央官廳，便成了官僚的有力候補者。合格的一千五百人中的前十名讓東大生包辦了，而且有三分之一以上的人數來自東大。

此外，財經界、文教界的首腦陣容，也無一不是東大所盤踞的廣濶據點。作爲名列高學歷資格之一的私立慶應大學出身者們，雖然亦不乏各界尤以財經界爲主軸之巨頭，但與東大相較，到底還矮了一大截。

日本女性擇夫的這項高學歷條件，單就東大資料便可探索到日本政治社會的縱深層面。人的通性總是往高處爬的，對日本男性來講，也未嘗不是一種向上的鼓勵，無可厚非。女性們既然提出了這樣的標準條件，例如東京近鄰川崎市內之十二個消費者團體於一九九〇年十一月間曾舉行一項「消費生活問題研究會」，在其結婚服務業的舞臺劇中，女主角對「三高」的戲詞便有：「結婚對象一定要合乎『三高』標準：一流大學畢業；一百八十公分身材；年收入最低八百萬圓。」那麼，日本男性們對女性們又是怎樣的期望條件呢？

最有趣的現象是：如果女性具備了類似男性的「三高」，不僅佔不到優勢，更不易找到配偶，成了婚事的累贅。儘管時代在變，戰後的日本女性亦已提高女權地位，而男主外女主內的傳統規範卻依然健在奉行不渝，被認爲是社會安定家庭和諧的礎石。因之，男性們的選妻標準也仍不失固有的觀念，著重於賢妻良母型的淑女。淑女的象徵是：溫柔多情、服從而有教養。教養是需要長期學習琢磨功夫的，主要是培育耐心靜嫻氣質的蓄積，再以內在美而形之於外在美的把握與表現。日本的「華（花）道」、「茶道」、「書道」的內容，恰好符合這一教養需要，其能大行其道，殆卽由於此緣。

這三「道」的共通出發點，不外是制定大衆所遵守的禮儀、技巧作法，構成一種形式秩序，以共同追求美的意識，達於精神寄託之目的。倡導者（日人稱之爲「家元（Iemoto）」）

創道立派，亦猶如宗教的教主，有其理論與組織，小焉者收徒講授；大焉者設置專門學院招生，他們的活動領域，遍於日本全國各地。電視普及後，花、茶、書三「道」也上了講座節目，更增多了人們學習的機會，它已成爲大衆生活文化藝術部門。說起來，這花、茶、書三「道」都與中國有密切淵源，但在中國除了「書法」尚與繪畫結合受到重視，花、茶的技法則並未成爲專業。

從流行語中確可直接並間接地，曲曲折折尋覓世態人心與社會趨向。日本出版界特別發行有流行語辭典一事，已見上述，最近問世的《流行語之昭和史》一書卽屬此類。作者稻垣吉彥係NHK廣播文化調查研究所主任，他給流行語下的定義是：「能巧於洞察掌握特徵並以誇張而含有娛樂意味之短句，對世相風習予以批判，或以發音新穎奇特引人入勝，使人人喜於運用的成語。」且附加說明謂：「該項成語縱因時過境遷而倏忽消失，也是反映該一時代形影的珍貴紀錄。」此一解釋頗爲簡要恰當，其著書便是基於此義而敘述出的昭和時代六十四年間的史實。

在稻垣著書中，也可證明日本人喜以「三」之數字表達內容的流行語，爲數頗夥。例如他所舉的「三角大福」一詞，那是七十年代日本報刊上常見的，係指三木武夫、田中角榮、大平正芳、福田赳夫等四人的姓氏加以簡化而成的流行語，就該四人從政年資、權勢地位、出任總理大臣先後而排名論，三木武夫並不能居首，應爲「田三福大」的順序，但偏要以「三」字起頭，便是爲了合乎以「三」表達的習慣，講起來順口之故。

關於用「三」字的，而且又極能刻畫時代表象的流行語彙，年年總會有新作發表。茲擇其最受大眾欣賞者，舉例如下：

「三白景氣」：意謂棉紡、化纖商社的產品全係白顏色的三個業種，他們靠韓戰大發財源，獨佔了一九五一年上期法人所得的前十名，全國爲之側目。

「三P」：這是名作家大宅壯一以外來語混合羅馬字拼音日語的頭一個字母，爲流行語另闢新型的創作，指一九五一年最賣錢的生意是⑴帕爾波（PULP：製紙）⑵棒棒（Pan Pan：專對美國大兵的賣春婦）⑶柏青哥（Pachinko：打小鋼珠）三類。接著也產生了多以英語中的頭一個字母製爲「三」如何如何的語型，例如那位爲著《日本眞面目》一書揭露日本缺點而被外務省罷免了大使之職的河崎一郎，即在該書內以「三S」出過日本外交官的洋相。河崎很不客氣地舉出日本外交官拙於言辭的自卑感，凡是奉派出席國際會議的日本代表團，其別名都被稱做「三S代表團」，在會場裏的三S動作是：⑴微笑（Smile）⑵打瞌睡（Sleep）⑶沉默（Silence）。

「三C」：此語是由一九五四年流行語「三種神器」的延伸，也正是日本自經濟高成長時代發展爲大型消費時代的一個過程。當年的「三種神器」係指每家所渴望如願的⑴洗衣機⑵冰箱⑶吸塵器；其後，胃口愈來愈大，遂逐漸演進而爲「三C」，此即彩色電視機、冷氣、汽車；繼而擴之爲「新三C」的別墅、冷暖氣中樞裝置、電子爐，再至於信用卡、資本、頭銜，這都是採用英語頭一個字母編造出來的，崇洋趕時髦的旋風帶動了流行語的外來語化。於是續有「新新三C」來表示自「三C」實體內容得來的享受：⑴安適（Comfortable）⑵便利（Convenience）⑶清潔（Clean）。

日本政府也跟著湊熱鬧，在一九八〇年所發表的《國民生活白皮書》中，用同樣手法推出了另一個「三C」，以⑴教養（Culture）⑵創造（Creative）⑶近鄰社會（Community），生硬地把三個C堆砌在一起。不過，這個「三C」內容也許是陳義過高，更無物質誘因，所以並未引起社會大眾的興趣，只能說說算了，擠不進流行語行列。

人們對外來語型流行語的理解力，遠不如對漢字型流行語來得快捷，漢字型者可以立刻使人有心領神會之妙，餘味不盡；外來語型者則須尋根究柢，方能恍然而悟。小說家源氏鶏太撰有長篇小說以《三等社長》爲題，描述了戰後日本人的心理狀態，細膩入微，最引起公務員商社員薪水階層的共鳴，乃聲名大噪，「三等社長」四個漢字的流行語亦不脛而走。若將此語易以外來語稱之，人們就難以從中品嚐所含揶揄的喻義。再如「三點水」是對貪汚者；

「絞絲旁」、「金字旁」是對獲暴利起家之纖維、金屬產業者的譏評，這都是得自漢字所隱伏喻義的機能，而引起望文或聞聲觸發情緒反應的效果。外來語代替不了這種機能效果。

古典的漢字型帶「三」字的成語「御三家」，在一九九〇年下半年又由報刊界搬了出來，它的配搭使用範圍廣泛，可以嵌裝在人、事、物的內容中，含有三大金剛之意。於是最走紅的速食品便掛在都市人的嘴邊了，稱⑴漢堡⑵咖哩飯⑶義大利麵為「御三家」。另一方，在這段期間用英文字母加在「三」字下面的成語，亦仍在間歇地趕造著，如「三K」係指重勞動的⑴辛苦⑵危險⑶髒汚，照日語讀法，三字的起頭發音都是「キ（KI）」，故以K字代之。「三Y」是對暢銷商品的形容，日語起頭發音均為「ヤ（YA）」，其意為⑴柔和⑵軟性⑶細緻。在伊拉克以大軍侵佔科威特並將日僑民作為人質之事件發生後，「三A」也跟著成為安慰人質家屬及批判政府無能的「三不」，此即亦均以「ア（A）」起頭發音的⑴不必心急⑵不必著慌⑶不必對政府有所期望。

日本的流行語與「三」字，眞是有形影不離之緣，舊有的與新造的固然是如此，而且還得之於輸入中國帶三字起頭的一些典故，並一直使用而予以定型化。如源出於《詩經》之「三秋」；孔孟之「三樂」；兵法之「三略」；《三國演義》之「三顧」，都早已深植日常用語之內，而非僅為一時的流行了。

「一九九一年是日本新元號的『平成三年』，『三』字起頭的新流行語，是否會有大量生產之勢呢？」這本是人們偶而閒談的笑料話題，果然在一家日報的連載小說中已連續地出現了兩個響亮的三字帶頭的新造語了：其一是三S；其次是三K，均係對當前男人們的諷刺。三S爲：「嫉妒」、「出世」（發跡）、「スケベ」（好色），照羅馬字拼音寫讀則爲：「Shitto」「Shusse」「Sukebe」，皆以S起頭。三K呢？指其爲「權力」（Kenryoku）、「金」（Kane）、「顯示欲」（Kenjiyoku），皆以K起頭，這確是說中了男子們的內心秘密，整個花花世界的循環現形哩。

接著，這「三」字起頭的新造語風，也吹進了日本政界，「三M出番（登場）」成了最活現的材料。原來海部內閣的任期在是年十月底滿期，在此之前，表明出馬競選自民黨總裁亦即總理大臣的三派閥首領宮澤喜一、三塚博、渡邊美智雄都已展開全國遊說行動。「宮澤」的讀法是Miyazawa；「三塚」的讀法是Mitsuka；「渡邊」雖然是讀爲Watanabe，但他的名字「美智雄」則是讀Michio，於是便順著「三」字起頭的大勢所趨，這三個重量級人物出馬競選，被認爲「三M出番」，喧騰一時的新語了。

〈附記〉

日本出版「三」字用語專書

一九九二年五月十二日的東京《讀賣新聞》（朝刊）載有與本篇所論內容不謀而合的一則新聞，那就是日本人確乎喜以「三」字來表達對事物集計而排列成句。

漫畫家畑田國男從日本歷史人物制度、自然景觀上，發現了這項事實，例如「三種神器」、「日本三景」、「三筆」、「御三家」、「三都」……總是把「三」定爲一種基準似地。在每一時代變遷中，也更產生出代表該時代的三字起頭的新用語。據畑田的蒐集統計，此類「三」字用語已有千種以上。畑田於一九九二年特別選擇了三月三日，聯合「日本紀念日協會」代表加瀨清志、駿臺預備學校講師高橋いづみ，一共三人成立了「日本三大協會」。他們預定於一九九三年的三月三日，正式出版一部書，書名是《日本三大ブック》。

該協會也向各界發出了專函，徵求有關「三」字的用語，以期充實《日本三大ブック》的資料。在不到三個月的期間，已收到數百封覆函，提出了很多有趣的「三」字成語。茲舉其經過審查認爲合格者若干則如下：

容易引起花粉症的三K：「快晴、強風、高氣溫。」

起鬨的三原則：「到現場、看現場、對人講。」

女人所怕的三S：「皮膚斑、皺紋、白髮。」

旅行三大樂：「舊跡、地酒、舊話。」

中國話慢慢講習會：「別心急、別慌、別氣餒。」

這些三字起頭的用語，都是日語發音轉爲羅馬字拼音而在起頭是用同一羅馬字母的。這種方式也是日本近年來喜以「三」字創新流行語的一時風尚。

七、「日本學」的興起

中國怠忽了應有的研究

中日戰爭之前以及之後，幾乎是使絕大多數的中國人都受到日本侵華暴行所加於中國的影響，而引起個人一生命運的一些變化。對中國人來講，不管日本這個國家怎樣，你都不能對它的存在忽視了事。戰前由名學者胡適主持在北平出版的《獨立評論》週刊雜誌，其內容以學者論政見重。後來成爲外交家的蔣廷黼教授曾在該週刊發表過一篇論文，大意是慨嘆中國雖處於日、俄兩大惡鄰之間，而呼籲愛國救國的高級知識分子卻並未盡到深入研究日、俄國情的使命與努力，有違知己知彼之道，認爲這是很大的怠忽。

還有黨國元老並任考試院院長多年的戴季陶，乃是戰前公認爲日本問題專家，他在半個世紀前即著有《日本論》一書，膾炙人口。他在該書的第一章內及另一黨國元老胡漢民爲該書問世而撰述的序文內，都曾提出同一所見，指出中日兩國在地理上爲近鄰，文字相通，又加中國的留日學生衆多，竟獨缺研析日本之著作供人參考，兩人也都對於此點表示出了失望與責怪。

上述三氏所共同道出的中國人之缺失，確乎是不容否認，而且是應引以為慚的事實，但何以會發生此種現象，亦自有其致此之因素在：

首先是，要研究一國之國情，決非潦草速成即可奏效的工作，淵博學識與正確洞察判斷力之外，更需要能在對方國家長期生活的體驗，始克達成對照印證融會貫通的精細剖析。其具備此一資歷才能而又有研究抱負的人材本已難求，而這類人材則又往往熱中於仕途，一旦位居高官，即盡棄前功。戴季陶何嘗不就是其中一人的例證？他在《日本論》第一章的子題便強調了「中國人研究日本的必要性」，以他的地位與號召力原可有所建樹，但並未發揮他可以對這一方面的導向力量。

其次是，對日研究的分野關係到政治學、史地學、文學、哲學、經濟學、軍事學、人類學、民族學、考古學、民俗學、言語學等廣濶面的科學領域。在國家歷年來受內憂外患干擾下，整個學術界陷於頻頻流離失所的窘境中，對日研究根本未能與學術界相結合，無從建立機構組織、設施企劃的研究環境。再者，由於日本軍國主義蓄謀侵呑中國的作為所引起中國人人的反感過大，知識分子為了先求自己站穩「愛國立場」，主觀地排斥日本一切的心理，遂轉為視客觀地對日研究為畏途。

就這樣地，中國人便怠忽了應有的對日研究。而戴季陶所著《日本論》一書，乃成爲代表對日研究的唯一的點綴品，成爲擲地有聲之讜論。日本國內對此書的日文譯本，已先後有五種之多，計戰前者三種，戰後者兩種，此外，尚有期刊雜誌中的文摘式縮譯，凡此均可見日人對戴著重視之殷與評價之高。其在戰後七〇年代出版的新譯本，還附有對戴著《日本論》評述座談會的記錄，出席者爲竹內好（東京大學教授）、關寬治（東京大學副教授）、今村與志雄（都立大學副教授）、小松茂夫（學習院大學教授）、橋川文三（明治大學教授）等六人，他們一致推崇戴氏「能把握到日本本質的核心」，「蘊蓄著氣魄恢宏的先見」，「像敍事詩式地描寫筆法，引人入勝」，「對日本明治維新後的政治軍事外交，有其獨到的見解，啟發了日本人的自我檢討」，「戴氏引述的人物論評中，尋到許多見所未見，聞所未聞的諸種問題根源」。

日本語文，自然是研究日本的必需工具。戰前在中國大學內設有專修日本語文系者，恐怕只有够水準的國立北京大學。有關對日研究的定期刊物，亦只有南京的《日本研究》月刊一種。抗戰期間大後方的報刊中，倒是很多關於對日本的論述，但限於時勢屬於偏激的政治宣傳成分多，難以列入客觀性研究範疇。至於指引認識日本全貌的專著，則完全是一片空白荒漠。

中華民國政府遷至臺灣省臺北市後，最早設立的研究日本機構，是附於國立政治大學國際關係研究所（後又改稱爲「國際關係研究中心」）的一個專門小組，雖然在規模上僅是少數人的小組，可是，此項研究工作正式納入了學術界，算是一項奠基的初步發展。以此小組爲基本成員，該所聯合了日本各大學、研究所的教授、研究員數十人，自一九七一年起輪流於臺北、東京舉行每年一次的「中、日中國大陸問題及文化交流研討會」，這在中、日兩國長期陰霾連綿關係史上，勉強算是稍見轉晴氣象似地，第一次眞正通過雙方學人專家之手，協同學術研究的創舉，具有値得紀念的意味。

同時，該研究所也訂出了務實的培養人才方案，其推進途徑如：⑴中日兩國在大學內增設中、日語文學系，施行交換教授、留學生制。⑵獎勵民間開辦私立研究所，以中日民間合作之各種方式，充實交流活動業務。⑶編印基礎研究之中日語文辭典及百科全書，大量互譯名著。⑷通過大眾傳播媒介，形成爲大眾化之研究理解運動，由廣大羣眾集體中發掘志願者。……等項，要皆爲針對當前現實的具體可行之辦法，亦曾在「中日中國大陸問題及文化交流研討會」提出討論有所決定。不過，中國人對日研究的怠忽症似乎並未澈底解消，方案之實行，依然是被擱置著的。

八〇年代是臺灣經濟成長昇高轉型期，跟日本的經貿往來益趨密切，社會各階層竭謀瞭解日本實況的需求與關心，亦殷殷表面化。臺灣由於本身在以往有過是日本殖民地的這項不光彩的「經歷」，施政作風也近似同一「經歷」的南韓所為，如恒以禁止日語、日本書報影片進口等手段，執行反日政策。但在此一大眾普遍需求與關心所構成無形的推動力下，對日研究的基本工作條件，乃終告突破禁忌阻礙。其事例有二：

其一是在教育界：如政治大學、文化大學、淡江大學、東吳大學等校，均競設日本語文學系或日本研究所。

其二是在文化界：民間社團組織舉辦各種介紹日本文物展覽與講習；日本書報亦經申請制可獲進口。

另外，更值一述者是長期居留日本的專家們所實地撰述之論著，如老記者中央通訊社駐日特派員李嘉所著之《東瀛人物逸事》、《蓬萊談古說今》、《扶桑舊事新語》；駐日外交官崔萬秋所著《日本見聞記》、《東京見聞記》；林金莖所著《梅與櫻》等，亦陸續出版。繼有定期的月刊雜誌《日本文摘》問世；若干日報副刊不定期的日本專號之編輯，都為對日研究大量地供應了資料，大眾傳播媒體的功效特徵是迅速，預料在這方面，將求質量並進。

中國大陸有了「日本研究熱」

《人民日報》是壟斷大陸言論而獨覇新聞界的中共機關報，有一次在論及日本與中國關係史話上，曾鬧過貽笑大方的錯誤。它把七世紀時期日本推古天皇派往中國隋朝的使臣小野妹子當做爲一位女性，並且還自作主張地加以按語引伸爲當時是如何地重視女權云云，實在未免離譜過甚。事經住在北平的一位日僑太太直接致函該報告以小野妹子實爲男性而並非女性，該報才不得不表示認錯，並只好公開予以更正。但由於日本各大報刊出此一新聞及共同通信社發出電訊報導，乃傳遍全世界，遂在國際間成爲一個再也抹不掉的笑談資料。

日本女性的名字確以「子」字爲最多，偏又遇到兼有女字旁的「妹」字連在一起，假如不對日本歷史稍具常識的話，單憑直覺眞容易將其認定爲女性。從這件事出在代表中共神經中樞的《人民日報》上而論，這正可反映出中共黨工幹部學識的低水準。人們都可想像得到：縱然是飽學之士若非屬於黨工幹部之身，又有誰能夠進入《人民日報》工作呢？不只是

《人民日報》是這類情形，大陸各方面都可作如是觀。

大陸普遍地流於知識低水準化，乃是罵知識分子爲臭老九的毛澤東強行「紅」勝於「專」的政策所造成的結果。其無知而又逞強，作威作福，一意孤行的事例太多了，例如當年的日本共產黨原是親中共的，日共在日本國內採取議會鬥爭路線，毛澤東卻硬要日共改爲武裝鬥爭路線並傳授他的山岳游擊戰。日共首領宮本顯治親至大陸向毛澤東說明日本政經體制及地理形勢來分析不能實行武裝鬥爭的理由，向來迷信「槍桿子出政權」的毛澤東惱羞成怒，便不惜跟日共鬧翻，將周恩來原與宮本顯治協議草成的共同聲明一手撕碎。日共對毛的評語是譏其「對日本毫無研究，不瞭解日本國家社會」。

鄧小平間接地反駁了紅勝於專的政策，以調侃的語句：「不管是黑貓白貓，凡是能捕老鼠的貓就是好貓」，取得大陸知識分子的共鳴。當「四人幫」被消除，鄧小平上臺後，在大陸作有限度的開放中，日本驟然成了中共全力爭取的對象，科技與投資貸款都是中共所渴求的寶物，爲達成撈這些寶物到手的企圖，也爲了對日本朝野流目送盼作態，不僅有成羣的學生陸續地被放出來到日本留學，連文教界的「日本研究」也應運而生了。日本報紙曾以「中國的『日本研究熱』高漲」的大號標題，敍述此一動向（見《讀賣新聞》一九八八年九月五日夕刊及一九八九年十二月二十四日朝刊），而且倡議通過「國際交流基金」予以資援。

姑無論中共政權所抱目的如何，僅由此一情況來看，證明大陸知識分子受到的坎坷待遇已較前獲得改善，這總不失爲一個可喜的進步。問題是能否在今後取得正常的持續發展。

根據中共的「中國社會科學院」日本研究所所長駱爲龍向日本記者透露所稱，有下列諸點：

一、該所成立於一九八一年五月，擁有研究員六十人。研究項目偏重於經濟、政治、文學，對社會、文化尙嫌薄弱。八八年發表人文社會科學的日本研究論文有一千零五十件。

二、全國大學及研究機構中從事對日研究之人員約共計一千五百人，以人數講可能爲世界各國中之最多者。學習日語之中國人則在五百萬名左右。

三、該所現正著重於研究高度成長期之日本社會問題、傳統文化與現代文化之關係等課題，並積極建立「日本學」(Japanology)，期於九〇年代前半期內組成綜合學會之「中華日本學會」。

另外，北京大學亦於一九八八年四月間新設了「日本研究中心」，有研究員五十餘人、除經常舉辦有關日本研究交流會外，亦著重於出版叢書、雜誌與翻譯介紹日本著作。北京外語學院原設有日本語研修中心，後亦擴大爲日本學研究中心，推行培養青年研究生之大學院課程，並對擔任日語教職者施行深造。

其他散在於各地方大學之日本研究所，以在東北地區者為最多，如遼寧大學、東北師範大學、吉林大學等，其中以遼寧大學規模較大，且有季刊《日本研究》發行。在這些大學的日本研究所內，並常聘有日本教師從旁指導。天津南開大學設有日本史研究室，與上述東北各大學日本研究者是「中國日本史學會」（會員約四百人）的主要發起人，專門研究日本近代史與現代史，定期集會提出論文討論。上海由復旦大學、交通大學、師範大學、外語學院、社會科學院歷史研究所等校之教授、講授所組成的「中國日本關係史研究會」，更於一九八八年十月間在上海召開了有中、日兩國學者、新聞記者參加的研討會。

大陸的外國語教育在中共向蘇俄一面倒期間，從小學以至大學全是清一色的俄語，置英語於不顧。迨中、俄共於六〇年代關係決裂後，乃改以英語接代俄語。七〇年代起則又與日語學習。由「日本研究熱」亦帶動了「日語熱」，現在大專四十餘校設有日語系，中央電視臺還開設了對全大陸播放的「學日語」節目。

日本作家加藤周一曾應邀於一九八七年秋到北京大學出席「中日文化比較檢討會」，他對大陸的日本研究者們的日語造詣，頗表驚異（見加藤撰文載一九八七年十月二十二日《讀賣新聞》夕刊）。加藤述稱：「這一會議所使用的語言，以日語為主，並無翻譯在場。因而使我聯想起日本的『美國學會』召開會議時的情景，若干位研究美國文化的人們聽不懂與會美國人的發言，尚須經過一道譯述手續。而中國研究日本文化的專家們，則幾乎沒有聽不懂日語的。由此點來論的話，中國在學術國際化上，可謂較日本的進度爲高。」

加藤所論，只是單對表達的語學力作了評價，至於表達的內容如何，够不够水準分量，則並未道及。研究工作原是需要實實在在的學識智慧，更需要思想自由的環境來發揮，而大陸至今尚未見到有一本關於日本研究的論著出版，這樣一個事實也許可以作爲對其研究水準的一項測驗吧。在「文革」浩刼後仍凡事都必須套在「四個堅持」框框作標準的情形下，其研究進展必然受到框框的限制而有其限度，則是可推知的。

韓國從宿怨中走向研究

朝鮮和臺灣在戰前同是被日本高壓統治的殖民地，一切當然都要遵照著日本政府的規範而行，人們所受的教育完全是日本語文教學；且亦均須以日本國籍爲不得不順受差別待遇的國籍。這種狀況延續了數十年，自使這兩地一般有識之士本於共通的切身體驗，養成了對日本的深刻透視力，譬如說：對日本人的性格品質；政治表裏的施策手法；生活樣式與文化習俗等方面，皆久經默察而瞭然於胸，可能有其超越其他國專事對日研究學者們的見地。

戰後，臺灣是中國人自身以堅苦對日抗戰爭取到勝利而收復的失地；朝鮮的情形則與此不同，它是在美、蘇勢力介入中被分裂爲北朝鮮和南韓兩個國家，因而這兩地的對日關係亦大爲差異。中國在日本敗降之後便立卽發表了不念舊惡與以德報怨的聲明，並亦見之於實踐，引導了重回祖國懷抱的臺灣抹去對日的敵意；相反地，韓國則在屈辱難雪下，不免流於對日報復洩恨的情緒化。

按南韓即大韓民國係於一九四八年八月十五日宣告成立（同年九月九日北朝鮮地區即北緯三十八度線以北亦宣告成立朝鮮民主主義人民共和國），直至十七年後的一九六五年六月二十二日，韓、日兩國始締基本關係條約並於十二月十八日生效，正式步入建交階段。但由於過去的宿怨積累太深，雙方的關係不易正常化，韓國內的反日運動不絕如縷，又經過二十年的歲月，終於迎來了「怨宜解不宜結」的轉機。促成這一轉機的主導力量，乃是從⑴通過經濟合作的經濟發展；⑵兩國首腦的相互訪問（日中曾根首相於一九八三年一月初次訪韓；韓全斗煥大總統繼於八四年九月初次訪日）；⑶大眾傳播界的共同呼籲，這三方面的匯合而來。

一九八五年六月二十二日是韓日建交締約二十週年紀念日，韓國各大報如《中央日報》、《每日新聞》、《朝鮮日報》等均擇是日撰有社論，一致肯定了與日本維持友好外交，有利於國家前途。其中，《朝鮮日報》的社論還提出了加強對日研究的訴求。該報爲韓國輿論先導，其所持理由如謂：「現在日本的韓國研究專家約在四百人左右，而韓國的日本研究專家卻不及其五十分之一，這是我們應奮起直追的亟務。須知正因爲有往昔的宿怨，才更需要徹底研究對方而謀對處之道。今後爲建立雙方能立於平等地位，此項研究工作益屬不容等閑視之。」這一論調適足代表了韓國的研究致用取向，而且他們朝這項指標努力，已早就在默默地實在地做了的：試看韓國三十所的國立、私立大學均設有日語系，另有二校設有東亞研究所與日本文化研究所，即在刻意培育後進。其所表現的研究精神相當落實，如專攻日本歷史文學的大學生數十名，曾結隊赴日，專作數百年前朝鮮通信使自下關至關東行跡考證調查；外交安保研究院教授申熙錫則長年專作日本自民黨「保守合同」沿革研究，並以其為韓國執政黨與在野黨合併範本；作家李御寧著《縮型志向之日本人》、金容若著《日本人與韓國人》、記者曹斗欽著《日本・日本人・日本社會》……皆專以分析日本人性格、日本社會結構為內容重點。

再者，韓國旅日學人在對日、韓文史方面之研究，尤夙著佳評，如金達壽之《日本古代史與朝鮮》、《日本國中之朝鮮文化》；金正基之《古代韓日文化比較》、《古代韓日之住民與建築》等鉅著，亦為日本學術界公認之傑作。

至於北朝鮮共產政權，自亦必有其對日研究之人員機構存在。但由若干事件發生所曝露之內情以觀，如在日本海岸強擄日婦女至北朝鮮事件；偽裝日本人父女以計時炸彈炸毀韓航機事件；北朝鮮間諜偷渡日本事件等等，其所謂日本研究似純為配合其情報特務工作任務，這是走出研究正規的邪道。

居留在日本的韓國系、北朝鮮系僑民，約有六十餘萬人。戰後的新生一代，受日本教育並體驗日本式生活，其中頗多活躍於日本各界的人材，有棒球名將與作家；也有藝術家與企業家；可預期像韓國輿論界所期望的日本研究專家，料將在這新生一代中脫穎而出。他們的識見是經日本雨露風土育成的，對其祖國內的研究園地，有滋補作用。

韓國之外的亞洲諸國如印度、泰國、印尼、新加坡、馬來西亞、菲律賓等國，亦莫不重視日本研究。這些國家有一共通的動機，都想知道日本以一個戰敗破落戶之國，是怎樣達成復興富裕的奧秘。愈是落後貧困的國家，愈是欽羡臻於世界經濟大國的日本。印度早於一九六九年便與日本締訂了政府間的「日本研究合作計畫」，分別在德里大學設立了中國日本研究系；尼赫魯大學設立了日本研究講座，其研究課題的重點就是探索日本如何地導進先進國科學技術而達成經濟自立現代化的過程，以期有所借鏡。除上述兩大學外，尚有南部州立瑪德拉斯大學設有日本文化研究中心；孟買近郊之州立普那大學設有日語系，源源補強研究人員。

日本政府也同時依據其「國際交流基金功能」予以支援，其方式爲派遣歷史、經濟專門學者前往執教；並再以該基金會的獎學金制接受印度之研究生來日留學。像現任德里大學內中國日本研究系主任之薩比特里女士卽係其中之佼佼者，她先後在日本東京外語大學、東京大學社會科學研究所就讀，返印後就任此職。據日本報載稱：她對日印交流頗有貢獻，日政

府曾於一九八二年頒給她「勳四等寶冠章」。（見一九八四年二月十三日《讀賣新聞》）

薩比特里著有《日、蘇關係史》一書及其他有關日本政治外交社會問題論文甚多，她對日本的批判，引田中角榮總理大臣納賄的魯克特案作例，嚴正地指出「田中是整個日本經濟繁榮與精神墮落的象徵，更是只顧經濟成長不惜捨棄道德的後果」（見上述同年月日《讀賣新聞》），雖然是揭發「整個日本」之言，日本政府亦不以爲忤，且給她奬章，可算是有其氣度。

泰國在亞洲國家中，無論是戰前與戰後，乃是唯一的與日本維持友好邦交的國家，留學日本的人眾多，這些人們於返國後散佈於各階層內，但並未形成爲有組織的介紹日本與研究日本的風氣。在一九六五年，才在大學內增設了日本語學系，且逐次擴展到十餘校，使日語成了熱門課程，據稱已有一萬五千名以上的學習者。一九八一年起，政府並在高中學校加進日語科目，還成立了專以赴日留學生爲對象的訓練班機構。

這種趨勢，主要是由於日本企業及觀光客大舉進入泰國而起，學習日語者的動機只是基於易謀職業之目的，尚難以稱其爲對日研究傾向，不過，亦不妨視之爲一種預備人員的儲備。

印尼的情況頗類似泰國，且有過之而無不及。如萬隆之巴嘉蘭大學於一九六三年即設有日本語文系；教育大學於六五年繼之；八四年起更於高中職校內亦將日語列爲選讀之第二外國語。甚至於蘇哈托於八七年命令訓練高中畢業生程度的一千名觀光嚮導員，以日語爲主修課目，其著眼點當然就是爲了賺取外匯。

他如新加坡、馬來西亞、菲律賓等亦均有此一相似現象。亞洲諸國內潛在的反日派對此曾斷續地發出抨擊之聲，諷稱「今天日本的經濟侵略取代了往昔的皇軍登陸」。故日本政府投下相當人力與財力熱心於協助亞洲若干國家的對日研究工作，也就是爲了要沖淡並化除它在國際上的此種醜像。李光耀於一九七九年訪日時，曾懇請日本政府支援對日研究事宜，八一年七月間，便有新加坡大學內「日本研究學系」之成立。

美國的「日本學」後來居上

美國人對日本的研究範圍，可稱之爲面廣而分工細緻，舉凡有關政治、經濟、軍事、外交、史地、文化、宗教以至茶道、花道、生活樣式、風俗習慣等，皆各有專門鑽研的人層。對此一情況的最好說明，莫如《時代（*Time*）週刊》於一九八三年爲紀念其創刊六十週年而出版的「日本專號」，其內容包括了整個日本全貌，是動員二十九名研究日本問題專家取材執筆的集體寫作。美國的許多著名大學與研究所，也都設有「日本研究中心」或「日本講座」，並充實日本資料圖書館，形成了所謂「日本學」（Japanology）這一專門學科。

美國人認眞的對日研究工作，應該從二次大戰初期，由陸、海軍主辦的「日本語文學校」說起。該校分爲兩組施教，第一組成員是曾在日本傳教牧師或其他工作者的子弟，他們不是出生於日本，便是幼年期住過日本，能講日語。第二組成員則是對文學、哲學、歷史、社會學、文化人類學方面已學有專長的學者，均係初習日語。

據曾經參加該校第二組的現任哥倫比亞大學教授肯因，在其所著從事「日本學」經歷的《邂逅日本》自敍傳中所稱：「當時能讀能寫日本語文的美國人，一共不會超過五十名。」可是，綜計被此一日語學校所吸收的兩千餘人中，卻在戰後約有二百五十人都先後成了聞名的「日本學」專家，肯因教授卽爲其中傑出之一員。他在戰後曾至日本京都大學留學，其對日本古典與現代文史研究之博深，可見之於他與名作家司馬遼太郎對談而輯成《日本人與日本文化》（中央公論社出版）一書中所顯露的才華與實力。他的著作極多，計有《日本人之西洋發現》、《日本之作家》、《反劇的人間》、《日本文學史》（近代・現代編上下兩卷）等。其同一出身並與肯因齊名，各以個人經驗創見著論問世者，尙有下列諸氏：

派森——哥倫比亞大學社會學系主任，他以日本語文特性分析日本人性格，社會結構的專著《遠慮與貪慾》、《英語化的日本社會》出版後，引起極大廻響。

斯卡拉匹諾——加州大學教授，治日本近代政治史，所著《現代日本之政黨與政治》，被選定爲專攻日本學的教科書。

凱利——其本人與其祖父、父親三代，均爲日本京都同志社大學教授，傳爲學術界之佳話。戰時渠曾親身參加塞班島登陸作戰，出任日軍俘虜收容所副所長，其著作爲《美、日文化比較》。

季布尼——國際馳名的新聞記者，歷任《時代》、《生活》雜誌駐歐特派員，東京分社社長，《新聞週刊》副總編輯，著書有《脆弱的超級大國——日本》。

美國的日本研究家，從其職業上看，大致可分爲⑴大學教授⑵大衆傳播記者⑶外交官等三種身分。最資深望重的人物，當首推哈佛大學之賴世和教授。他出生於日本東京，隨其父母居住東京，打下了日語根基。哈佛大學畢業後又曾至日本與中國留學，是最早研究日本歷史文化的先驅，他在哈大的畢業論文，便是以日本高僧〈圓仁入唐弘法記〉爲題，考證中、日間的文化交流。他也主持過戰時美國的日語學校，並於戰後一九六一年至六四年期間出任美國駐日大使，續絃的夫人亦係日本籍名門閨秀，眞算是具備了與日本有緣之大成。其所著專以歐美人爲讀者對象的《日本人》這一部入門書，自一九七七年起，一直被列爲暢銷書之一。

哈佛大學中研究日本問題的名教授，似乎多於其他大學，如長期擔任「日本社會」講座的傅高義教授所著《日本之中產階級》，曾備受稱讚，及《日本第一——對美國的教訓》一經出版，幾使全世界爲之震動，各國競相發行譯本，爭求先睹（讀）爲快。傅高義之外，受人注目的爲經濟學權威茲佛斯基教授，著有《亞洲巨人——日本》，對日本經濟發展歷程，有最系統化的敍述解剖；另巴農教授所著《兩個饑餓巨人》，以先見的角度，預測美、日兩國未來對資源的爭奪戰，這都顯示了他們的研究氣勢磅礡，擁有豐富的資料來源。

耶魯大學的赫爾教授，也是出生於日本及哈佛出身，曾任密歇根大學日本研究中心所長，其身世與賴世和教授相似，同屬於老一輩的「日本學」專家，他的著作有《田沼意次》、《日本之現代化》、《日本通史》，對日本自六世紀至二十世紀融合中國與西洋文化之解說，言簡意賅，立論公正剛直，令日本的歷史學者爲之心服。

這些以日本研究知名的教授們，都具有共通的資歷：如⑴擅長日本語文；⑵長期留日生活經驗；⑶與日本學人交遊相知等是。只有哥倫比亞大學的文化人類學教授潘耐特女士，算是比較特殊的例外。她在戰時受戰時情報局（OSS）委託而寫成的《菊和刀》一書，享譽極高，而她本人卻根本不諳日本語文，而且也從沒有到過日本的親身接觸見聞，僅靠大批資料與訪問居美日本僑民的一些記錄撰述而成。

新聞記者中對日本研究有所貢獻的人，如《新聞週刊》駐東京分社特派員之格里夏，素以採訪技高見勝，自日皇至日共首領，他都能佔先單獨會見，《採訪》一書是他對日本各界要員的訪談心得，能引出很多重要史實性的證言。芝加哥《太陽報》特派員之蓋恩，著有評述美國佔領日本政策成敗的《日本日記》及續集《新日本日記》，係以日記體裁記述，筆鋒銳利，有內幕新聞文獻價值。《時代週刊》副總編輯、《新聞週刊》國際版總編輯之克里斯特福，在其所著《日本人之心》中，以其累積三十餘年之觀感，描繪出日本人的性格、思想、習慣的獨特言行，鞭辟入裏。《紐約時報》特派員哈若連著有《日本外表與眞相》，對日本之所謂西化問題，其見解與一般人頗有距離，他詳細地闡明了日本與西方國家在本質上的差異。

新聞記者基於本身職務上的報導競爭意識，其研究態度與大學教授的謹嚴稍異，他們所犯的毛病是每期以驚人之筆出奇致勝，名專欄作家阿姆斯壯，和哥倫比亞大學「國際變化研究所」發行的《世界政治評論》雜誌總編輯奧巴哈特，各著有《日本將於一九八六年核武裝》、《亞洲核武裝可能性與現實》，均對日本勢將進入核子軍備一事，作了大膽的預言，今天的事實卻在證明那是無稽之談。

外交官於駐在國多能以實際參與，窺探出被隱蔽的眞情，道出不爲外人所知的原由經緯，這是他們的著作之特點。例如戰前美國駐日大使格魯，曾寫成《使日十年》回憶錄，處處可映現其對日本國情的眞知灼見，刻劃出日本軍國主義的來龍去脈。格魯的這本專著，實爲最生動的日本近代史。文筆風趣，不只月旦日本高階層要人，也寫出了一般人民的日常生活狀況。他連美國人視爲違反人權但又對其抱有極度神秘感的藝女（者），也毫不加避諱地以引人入勝的辭句論及稱：「席間，藝女們殷勤勸飲篩燙之酒，頻頻斟杯。她們個個活潑多姿，實在是善於打趣起鬨作樂。她們更嫻於西洋跳舞，與其本行的日式舞蹈同樣玲瓏精巧。」

戰後的駐日大使賴世和，具有教授與外交官兩重身分，其對日研究造詣，已見前述。擔任公使甚久的艾麥遜，退休後到史丹福大學胡佛研究所做高級研究員，亦仍繼續研究日本問題，著有《日本徘徊在岐路上》，對日、美關係及日本與亞洲國家的心理距離，有明晰的指摘與忠告。其與艾麥遜有某種相同意見的著書，還可舉出曾任卡特總統的國家安全顧問之布里辛斯基所著的《脆弱之花——日本》；和曾任季辛吉國務卿助理之瓦茲所著的《困擾的夥伴》，都是對美、日兩國不諧和的合作，深表懸念。

另有薩德斯特克其人，堪稱為有不平凡成就的一位青年菁英，他最初在麥帥總部外交局任職，忽而辭去職務轉入日本東大、美國哈大專攻日本文學，歷時三十年不輟。他連續地英譯了日本名作家川端康成、谷崎潤一郎、三島由紀夫等人之小說集，並將古典難解的長篇小說《源氏物語》英譯也完成了，使美、日文壇對他的功力與毅力，均表驚佩。薩氏在東京湯島寄居，曾以《在湯島家裏》為書名出版了一部隨筆集，其中第一章是他耗時十餘年翻譯《源氏物語》的苦心談，第二章論川端與三島之自殺，第三章則是對全世界何以有反日情緒，提出了人所未言的答案：「富而驕乃是根源。」

「日本學」專家博士新人輩出

美國夏威夷大學的日本研究所所長史坦浩夫於一九八八年曾受日本的國際交流基金會委託，由該所著手編成。美國的《日本研究機構一覽》和《日本問題專家人名錄》。根據其對這兩項的調查記錄所示：綜計前者已超過一百五十所以上，且尚在陸續增加之中，如若干地方大學正籌設日本講座，殆即為建立研究機構之先聲；後者亦已多達一千五百人（內一百七十五人居住於加拿大），他們都取得了博士學位，其專門分野，則廣及於文學、語言學、歷史、社會、政治、經濟與心理學等部門，並預測今後每年將有近二百人都可納入日本學專家之列。說起來，這眞是洋洋大觀，恐怕只有地大、物博、人眾、教育事業發達、學術自由的美國環境，始能呈現此種盛況。

哥倫比亞大學教授卡其斯是日本問題研究的專家之一，他把美國的日本研究分為四個世代：

第一世代：以戰前即作日本研究之賴世和、凱利為代表人物。

第二世代：以戰時由政府邀請進入日語學校之肯因、薩德斯特克為代表人物。

第三世代：以熟知邁入經濟大國前至六〇年代初期日本之研究學者為代表人物。（卡氏自稱他本人即屬於此一世代）

第四世代：以三十餘歲之青年研究員為主體，彼等所見所知者僅為當前貿易超大國之富裕日本。

卡氏並稱，在第二世代於今後數年內引退後，美國的對日研究，勢將發生重大變化。實則此種變化，實際上已在發生途上，普林斯頓大學之詹森、卡倫兩歷史學教授即曾共同指出第四世代日本研究者們的特徵，乃是擺脫了老一輩所抱的異國趣味、神秘觀點，與爲日辯護的感情支配，在以平常心發揮批判性。另外的一種變化跡象，以北科羅萊那州的日本研究中心的作法爲例，則是捨棄了以往重視的有關日本文學、歷史研究，專將物理學、建築學、經營學、社會學等學者派往日本深造。據該日本研究中心所長希爾伯斯塔語稱：此一學以致用之傾向已擴及於全美國。

卡其斯雖然是對此種研究變化的預告者，殊不知他自己就是一個早年主張變化的倡導者與實行者。他是最初對潘耐特女士所著《菊和刀》一書提出異議的人，認爲那種書齋式的研究寫作，不啻爲閉門造車，易於以偏概全，引起誤解與曲解。他爲了要撰寫〈日本模式國會議員之誕生〉論文，特至日本九州別府，以一年半的時間，住在競選眾議員的佐藤文生家裏，實地觀察一切活動情形，諸如日本「冠婚葬祭」、「中元歲暮」習俗與獨特的選舉組織——町內會、後援會，運動員的奔波，宣傳車的呼號，候補者的演說與握手戰術……都有入微的記述。這篇論文使他獲得哥倫比亞大學的博士學位，並被任爲該校政治系的副教授。（該論文於一九六九年在美出版，日本亦有譯本）

卡其斯的實地研究寫作方式，於是大受年輕一代的喝采，並競相模仿。有的研究者不但一定要作實地採訪，而且還要更進一步地實地體驗，親自扮演自己所選定的題材角色，來一一求知求證。最突出的富於奇異格調的作爲，有兩人值得介紹：

其一是黛爾比女士，文化人類學家，一九七八年以〈藝者（女）研究〉長篇論文，取得史丹福大學的博士學位。按藝女之在日本，乃是公然存在於日本的一種女性色情職業。藝女們須經過嚴格的歌舞琴藝訓練，再配以艷麗的化粧與古代裝飾，然後始合格應召至日式建築餐館內，服侍客人飲宴並作表演。曩有美國財閥莫爾根迷戀京都一藝女阿雪，並不惜以重金爲其贖身的金屋藏嬌之韻事，流傳於美國社會極廣，故在往昔美國人心目中的日本標誌即以

「切腹、富士山、藝女」三者合成。

黛爾比在十六歲時曾居住日本一年，長於日語並習日本樂器三味線，對日本的藝女頗感興趣。因而在她就讀史丹福大學期間，便選定下以研究日本藝女爲畢業論文的題材。一九七五年，她由美專程至日本京都先斗町——卽藝女集中所在區，親身充任藝女，花名市菊，以碧眼外人操京都歎語，彈三味線琴，周旋於日本尋歡探幽豪客之間，名噪一時。她在兩年間的深深體會品嚐，時時筆記心得的成果，就是那篇通過博士審查的論文。

黛爾比對西方國家內女權運動家們動輒將日本婦女視爲受家庭束縛之奴隸一事，認爲是不符實情的誤解。她的見解是：日本的家庭主婦完全掌握著丈夫的薪資收入，生活費用，和子女教育，乃是家庭王國之主，其權力遠超過於西方國家的家庭主婦之上。她更分析老一代的日本學專家只是從外表探視日本，結果常會走向脫離了現實的毀譽極端。

其次是叫斯德範的哥倫比亞大學文化人類學系博士班的在讀生。他擬寫的博士論文是：〈美、日兩國酒中毒患者之比較〉，對於美國人的酒中毒患者多達一千萬人；而日本的此類患者卻微乎其微地不成比例情況，他抱定決心要作最基層的調查，究明其此中差距懸殊的原因何在。

斯德範到了大阪先向各醫院，民間社團的禁酒會和個人訪問作調查，並未得到確實要領。之後，他轉念必須細察日本人民大衆的飲酒狀態來判斷，便在大阪府的高槻市，再三拜託一家酒館，接受他來當一名不支薪金的跑堂。經過半年多的服務，閱歷了來喝酒的各階層人物表現，他悟到了初步結論。

斯德範舉出美、日兩國人在飲酒的出發點上根本不同，美國人負有禁慾的清教徒傳統觀念約束，先有潛在的畏醉意識而飲酒，深恐一有醉態卽不免爲世人所恥笑，以致儘量壓制神經中樞而飲悶酒。如是行之既久，乃嗜酒成癖，使酒精在體內腐蝕不已。反觀日本人之飲酒，則並不以酒醉爲忌，毋寧說是爲醉中尋快感而飲，爲發散胸中塊壘，藉酒求得精神上之鬆弛。於是，斯德範卽依此項比較找出了美、日兩國人酒中毒患者多寡的原因之一。

斯德範對其他之原因尚在查證中。他也和黛爾比一樣地指摘了老一代的日本研究家們的缺點，說他們是「戰勝國美國的日本研究家」，每以高高在上的姿態俯瞰下方。他更堅定的說：「日本學的總論型時代，已經終止了。今後須朝細分化的道路發展，如何才能對美、日兩國相異的文化社會達成符合現實的理解，便是我們這一世代對日本學研究的使命。」

在日本各大、中、小城市及各地鄉村，常會看到身背高大鐵架行囊的美國青年男女踟躕街頭並談論風發，他們大都是在校學生以最低費用來到日本旅行的。他們住簡易的廉價小旅館，甚至於也可能是露宿或在公共場所空地過夜，啃日式飯糰充饑。但在那些男女之中，就會不斷地產生像黛爾比、斯德範型的或更奇特的日本學專家出來。

據一九八九年日本「國際交流基金」的調查所稱：美國的從事日本研究學者有一千二百二十四人。美國的國會圖書館館長助理官摩斯亦係一日本學專家之一人，伊曾告日本記者謂：美國各大學的日本講座自一九八六年以來，益見增加，約有四萬五千名大學生熱心於日本研究。那些在日本各地出現的美國青年男女，也就多是屬於這四萬五千名的新生代。

英國對日研究爲歐洲嚆矢

歐洲國家中開始對日本作過一番研究，並以專著公開發行於世的，當以早於一九〇二年即曾締英日同盟的英國爲嚆矢。那些孜孜於研撰的人士，均爲外交官、新聞記者、大學教授身分，且擅長日本語文，有過長期居日的體驗，其職別與經歷給後來居上的美國「日本學」專家們，好像也樹立了示範的榜樣。

試舉一二例來說，如最早的巴拉克其人，自一八六一年蒞日致力於新聞工作，先後主編英文的週刊、日刊及日文的報紙，稔於日本政情及民情，他於一八七六年起撰述有關德川幕府末期至明治時期內見聞的長篇專著《青春日本》上下兩巨冊，在一八八〇年出版，乃爲極具歷史性記錄的參考文獻。次如申薩姆其人，自一九〇六年奉英外交部命赴日，在駐日大使館服務至四十年，著有《歷史的日本文法》（一九二八年出版）、《日本文化史》（一九三一年出版）。戰後又歷任英駐美公使及遠東委員會英方代表、美哥倫比亞大學東亞研究所第一任所長、史丹福大學顧問教授等職，其所著《西歐世界與日本》一書，對日本之能迅速完成政治社會革新過程與根由，追溯往史而敍述了日本內在自發因素的例證，頗有不同於西方史學家一貫強調受西方影響衝擊之分析，卽立場相異的史學家湯恩比，亦讚此書爲試論日本及日本人概觀的名著。

劍橋大學、牛津大學、倫敦大學、霞飛爾特大學等自一九四八年起相繼開設了日本講座與日語、日本研究中心，在研究機構組織與人員的規模上，英方遠不及美國之龐大，但有關日本研究之著作則並不弱於美方。且英人之研究日本，以同具所謂「島國根性」的相似性格之故，有的動態現象每爲世人所忽略或輕估，獨英人能洞燭其中之機微而揭穿其奧秘。最明顯的一個實例：如日本工廠使用機械人之數量及其技術之高佔世界之冠，工業先進國家多認爲此乃日本科技進步卓越所致，而英國則指其爲日本之排外性、封閉性之產物，蓋日本深知使用機械人遠較雇用低廉工資之亞洲勞工爲易於管理；更可藉收阻止外人進入之效。對於日本的此種潛藏心機，英國人謂只有英國人心知肚明，其他方面亦多可以此類推，十拿九穩。（見一九八五年十二月七日號《經濟學人》日本特集）

創刊於一八四三年九月，歷史悠久的國際權威雜誌《經濟學人》，於一九六二年九月間發表了該刊記者馬克萊執筆，以〈可驚之日本〉標題的專論，是對日本經濟趨向高度成長的最先預測。繼此之後，該刊又於一九七三、八三、八五年陸續刊出三次「日本特集」，由該刊歷屆派駐東京特派員之薩特曼、巴萊里、艾摩特等人分別撰述了日本的經濟成長奇蹟；政治外交政策；島國根性多重人格……，涉及多層次的報導與評論。

專門著作的範圍，要以最受世人注目的日本經濟問題居首，如《經濟學人》記者馬克萊昇任副總編輯後所著《日本高昇》、《太平洋之世紀》，牛津大學教授克拉庫所著之《日本會社》，里茲大學教授哈里蒂所著之《新帝國主義之日本資本主義》，倫敦大學教授所著之《英、蘇、日病情》等，皆在歐、美、日地區財經界流傳甚廣，在東京上智大學任教授之米爾瓦特，著有《英國人和日本人》，以其個人之生活接觸具體事實，作英日兩民族之比較；復著《日本人所不知之日本》，徵引日本諺語習俗釋明日本事物，筆調幽默雋永，別具視野。再有在日本東北大學、女子大學執教之基克普，爲一詩人兼小說家與劇作家才子，其以隨筆散文日記體裁著有《丟掉扇子的日本》、《日本印象》、《海與羣島之日本》等書，多有嘲諷之處，代表了文學家眼光所觀察戰後日本社會變化的情懷。戰後留學東京大學後任教於薩塞庫斯大學之德亞，曾以親身調查方法配合文書資料，寫成《都市的日本人》，他訪談了東京二百九十七戶家族，並深入山形縣、山梨縣農村長期居留以蒐集素材，故能言之有物。其又以英國派來的教育考察團團員身分，對日本教育制度作了週密調查再求證於自身受日本教育的體會，更寫成了《江戶時代之教育》、《學歷社會——新文明病》二書。他刻畫出了日本舊家族制度崩潰的來由和滋生貪汚腐敗的社會構造。他的調查資料相輔寫作方式，爲英國的日本研究界增加了新味。

關於日本的天皇制以及裕仁天皇有無戰爭責任的問題，在包括日本在內的歐美亞諸國內，都存在著一種各說各理的爭論。英新聞記者巴格米尼著有《天皇的陰謀》；另一新聞記者摩茲萊著有《日本裕仁天皇》，兩人針鋒相對，難分上下。巴著以豐富的種種資料作爲裕仁天皇爲戰爭的策動者，應負戰爭責任的證據；摩著則以日本天皇在歷史上向爲政治配角而非主角爲立論依據，把裕仁天皇描寫爲溫厚而愛好和平的學究型文化人。

英國的BBC（廣播協會）海外廣播亦設有日語節目，收聽者超過百萬人。由外交官轉爲BBC日語廣播記者之萊格特，著有《紳士道與武士道》，從日常生活中作英日兩國文化的對照；他還著有介紹日本「柔道」、「禪」等書，趣味性的解說，爲其特色，頗有類如日本研究園地中的一株奇葩之概。

歐洲共同體（EC）爲促進對日理解，訂出了派遣青年赴日研修制，每年約在三十人之數，期限爲一年半。這些青年係自新聞、企業等各種現職人員遴選，時日一久，便形成爲日本研究的有力候補者，當前還正是成長期階段。

法國的日本研究，由來已久，比較偏重於日本的古典文學與傳統藝術。入八十年代後，又在積極著重於日本人的精神構造及高科技方面。巴黎第三大學附屬之東洋語學校、巴黎第七大學、里昂大學、里爾大學、行政學院、高等技術學院、經濟商業學院等合計有十八校爲日本研究的培育所。學生經常維持在三、四千人上下，單是東洋語學校內的日語科學生卽佔兩千人，前往日本留學的在職者與學生，與日俱增。因而在法語中產生了一個新字彙"TATAMISER"，意卽「在日本榻榻米上的生活」。

有關日本研究的專著不多，最老的由一位應日本政府聘爲律師的普斯凱所著《日本見聞記》，還可在各書店裏買得到，那是記述明治時代日本歷史、言語、教育、文化、政治及社會情勢的八百頁大作。戰後曾歷任法新社及《世界報》駐東京特派員的名記者季嵐所著《第三大國・日本》，頗轟動一時，英、德、日譯本均列爲暢銷書。季嵐對日本的官僚天下、學歷優先、財界指導型經濟的實況，有極詳盡的註釋，非精通內幕者不克臻此。他除以此書打出知名度外，尙著有《六億之蟻》、《中國今後三十年》、《日本人與戰爭》等書。另一位由記者轉而任教於巴黎大學之梅德，著有《朝日與龍》，以「朝日」喻日本；「龍」喻中共，對未來日本與中共合力向歐美中心挑戰的可能性，作了聳聽的預言。

比利時在使用語言上等於是法國的延長，對法國的日本研究書刊，自然會受到直接影響。比國的國營電視臺和報紙，自一九八三年始，接連不斷地舉辦了討論日本與歐洲的研討會、日本科技展覽會，以及類似英《經濟學人》、美《時代週刊》型，集報導與評論的《日本特集》。曾執教於日本上智大學、筑波大學的比國天主教神父森蓋特，著有《菊和刀和十字架》、《跟日本人同旅》、《和與分之構造》等書，他以宗教家的觀點辨出日本異於西方國家之思考樣式，謂日人重美醜之別，西方人重善惡之分，故日人接納多種宗教任其個別存在而不必求其統一，猶如包袱型之無所不包，亦爲一種將其美化的解決方法。

瑞士的新聞記者斯徒基著有一書，名爲《心之社會——日本》，將日人的心情、生活模式和人際關係，劃分爲三個同心環以構成日本社會，其所見與森蓋特有共通的某種程度的契合。

西德與日本同爲從戰敗國而復興，處境頗爲相似，也許正由於此點，使西德在對日研究上並不太關心，首先是報紙上很少刊載日本消息，在遇及日本政權交替時亦僅見簡短的報導。波昂大學設有日本研究所，也未見其公開的活動。迨日本對歐以「集中豪雨型」輸出引發貿易摩擦後，西德的報刊上才零星地開始討論起對日對策；日本人何以勤勉成性；日本製品何以優良等等問題，喚起了普遍的注意。

新聞記者但普曼所著《孤立的大國》；伊里亞曼所著《強與弱的日本人》，皆係本於在日本的生活心得，對日本之封閉性、似是而非之民主主義政治，加以嚴厲抨擊。另一方，在日本國內擔任天主教系南山大學校長希修邁耶及教授戴瓦爾特兩人合著之《西德與日本》，副題特予標出「東西優等生社會之比較」一書中，亦於末章第七章〈情報與倫理〉內對日本提出忠告，極以日本獨特的「我國主義」之封閉性爲隱憂。這一共同見地倒像是西德人對日研究所體會出的一個趨向一致性的結論。

至於共產國家的日本研究，蘇俄在厚植機構造育人材上，亦頗有具體成績。莫斯科大學東洋學部日本學系；列寧格勒大學附屬東洋學研究所，卽爲研究專家薈聚之中心。日本古典文學作品如《源氏物語》、《萬葉集》、《古事記》、《近松門左衛門全集》等之俄譯本，亦已出版。前駐日大使費德林柯所著《日本的印象》、《日本藝術之特質》、《憶川端康成》，均受廣大讀者歡迎，尤以《憶川端康成》一書，竟暢銷至五十餘萬册。《消息報》駐東京特派員貝特若夫著有《戰後之日本外交》、《日本與蘇俄》、《從蘇俄看日本》；《眞理報》駐東京特派員奧琴柯夫著有《東海道五十三次》、《相生橋人影》、《一枝櫻花》，這都可作爲評估蘇俄之日本研究水準的衡量器。東歐波蘭的華沙大學、東德東柏林曼勒爾特大學亦均設有日本學系，學生眾多。自東柏林圍牆倒塌，曩爲蘇俄附庸之東歐諸國紛紛擺脫羈絆走向民主自由世界後，可以想見的是這些國家最關心的事爲經濟改革問題，他們必會以經濟繁榮的日本作爲研究對象，出現另一種嶄新的日本研究熱。

大百科事典與電腦翻譯機

今天的自由世界各國，不管是工業先進國家或是開發中國家，都受到日本生產的各種各樣商品的推銷，那些商品像排山倒海似地湧進人們日常生活的領域；繼之又見日本商人、商社、工廠也漸次跟隨著登陸買地買樓。就因爲此種狀況，歐美工業國家與日本之間，便有了日形嚴重的所謂「經濟摩擦」。汲汲於唯利是圖的日本人被譏稱爲「經濟動物」；亞洲開發中國家在二次大戰中直接遭到日本軍事侵略的餘悸猶存，則不禁有一種幻覺揣測：「莫非當前的日本國策已將『軍事侵略』改變爲『經濟侵略』？那些商人們都是往日皇軍的替身？」這種情形所發出的一股刺戟力，便有了各國盛行的日本研究熱。屬於學術性的固然很多，但在工商業社會中，也成了職業上的新行業。

西方國家研究日本的學者們，經常會對日本的若干事物行動，會感到奇異而表示爲「難以理解之謎」；或更作籠統地「日本異質論」的評語，實則這都是由於對日本的瞭解認識尚嫌不足，以及過於將主觀的、人爲的東、西方壁壘加以區分而起。造成雙方誤會、隔閡、對立、衝突、猜忌、疑慮、警戒……等等複雜心理陰影的主因無他，厥爲語言文字的障礙。任何人要想精通某一國的語文，決不是短期間所能一蹴而就，且亦無若何捷徑可以取巧，總是必須下一番苦功夫，盡最大的努力才可達成的。

西方人學習日本語文的難點，眾口一聲地咸認最感困惑的是漢字。查字典要先明白「字」的部首及筆劃次序，這一關就不容易過；一個漢字往往是借來含有多種意義使用，再加「音讀」與「訓讀」的兩種讀法，又視其所置之位置而後定，如「生」字即有十六種不同的讀法，這不僅要靠一字一字的記憶力，還要靠對每一字的涵義及以字組成之「文」的確實解析力。否則，一字之誤解，就可能易於陷入差之毫厘、謬之千里的錯處，與原意大相逕庭。

語言文字的機能是傳達、表達作用，日本語文在遇有意圖加強含有形容、象徵、比喻、關係、聯想、暗示、警惕……等等情緒意味時，往往多用典故型語彙以充實其內涵，而那些典故型兩字的、三字的、四字的、五字的、六字以至更多的成句，卻幾乎全是來自中國古籍所載的歷史故事〈參照本書第一部份之〈語言文字東西方銜接點〉一文中所列部份〉，如對此種典故的源流不明瞭，當難領會其要旨，這就等於說此類語彙雖給語文增加了機能，卻給學習者特別是外國人學習者加重了一層額外負擔。

一般日本人對於此項額外負擔，並不覺得太吃力，因爲他們從受義務教育時期的國語教科書——那些選自中國經史子集的漢文教材裏，就順便懂得那類歷史故事所編織出的語彙意義了。例如前總理大臣田中角榮在魯克特賄賂案中語及他和「政商」小佐野賢治的友誼時，曾自稱爲「刎頸之交」；三木武夫經椎名裁定繼田中角榮爲總理大臣時，一時驚喜交集，脫口而呼爲「青天霹靂」（以上均見本書第二部份〈語言文字東西方銜接點〉一文內所列語彙），日本人對這類誇張式的語彙都並不陌生。可是西方人面對這類語彙，如不通曉中國的風土人情世務史話，縱已修得熟知兩千漢字的標準程度，也琢磨不透其中牽涉到涵義補強和擴展的雙關式作用。

戰後的日本語文，又大批的引進了以英語爲主而用片假名表記的外來字與句，照常理講，這應該對西方人是一種學習日本語文的便利之處了，事實上卻又不盡然如此，日本人造了若干新英語字、句以及拼湊而加刪縮的字、句，如電腦（Computer）簡爲「コン」，遙控（Remote Control）簡爲「リモコン」，尚可輾轉意會，又將「コン」使用在「Complex, Condensor, Converter, Conditioner, Concerto, Conductor, Contractor, Concrete, Company, Concert, Corn」上，以鋼琴協奏曲（Piano Concert）縮爲「ピアコン」，以冷氣（Air Conditioner）縮爲「エアコン」，更雜以日語一半如合組公司「合イコン」，車站音樂演

奏會「エキコン」，則教西方人摸不著頭腦了。諸如此類的字、句很多，而且在時時增添中，想查辭典都無從查起。

中國人學習日本語文，以有漢字共通之便，自然會覺得容易些。可是，也有同於西方人對漢字與片假名表記外來字、句一樣的困惑，第一是：日本也在既有的漢字之外造了許多新字，最常見的如辻（十字路、路傍）、峠（頂峯）、贔屓（照顧、偏愛）、凪（風平浪靜）、凧（風箏）……等是。第二是：以兩漢字或三漢字拼合而另作與漢字原義相去甚遠之解釋，如勉強（用功、減價）、兎角（總而言之）、舟漕（打瞌睡）、逢引（密會）、割引（折扣）、無鐵砲（魯莽）、大丈夫（不要緊、靠得住）……等是。第三是：多數漢字筆劃被簡化，更加以片假名表記外來語以及受限制使用漢字影響而以假名代替漢字穿插文間，閱讀費解，要想熟練地運用自如，亦不下於西方人對此所需要的時日。

還有，中、日共用的專門術語，也失去了一條通道。過去日本將西方專門術語均以漢字意譯，如經濟、企業、勞動、工業、動力、實績、唯心論、治外法權……等等皆爲中、日兩國所共用，而現在日本則趨於全將西方專門術語以假名音譯或更予以縮短使用，不只使中國人減少了一項利點，反而比起西方人添多了一道學習與琢磨手續，始能貫通。

日本的一家規模宏大出版公司——講談社，針對著上述外國人學習日本語文及日本研究所感受的困惑，訂定了出版《英文日本大百科事典》（*KODANSHA ENCYCLOPEDIA OF JAPAN*）計畫，自一九七四年起聘請了美國日本研究權威賴世和等十二人，日本原一橋大學校長都留重人等十一人爲編纂委員，由執教於哈佛大學之板坂元專任執行編輯，並分在美國哈佛大學、日本講談社設置編輯部致力於此項編務。在選定的一萬項項目中，邀請了擔任執筆者計有外國人約六百五十名（其中美國佔百分之八十，其餘爲歐洲、蘇俄、中、韓等國之日本學專家）；日本人約五百五十名。

這確是一個堅強的編撰陣容，在那一萬項項目集納中，包括了日本的政治、經濟、歷史、地理、社會、文化和生活習慣，以文字、照片、圖表作極詳盡的說明，可算得琳琅滿目。其藉英語文說明日語文的微妙處，頗得易於意會傳神之道。

該大百科事典之編纂歷時十載，於一九八五年出齊了全套九卷，定價約爲美金一千元，它在歐美諸國的日本學研究者羣中成了爭購的實用基本工具書，凡對日本問題有疑問之處，大都可在這事典中找得到解答。

西方學者們頭痛的漢字，漸漸也有了解困途徑。日本所生產的專講漢字構造與即刻譯成英文的電腦翻譯機，在技術上日見改良。日本商人們已看好全世界的「日本研究熱」，此種翻譯機將會成爲一大財源。廣島大學編著的《外國大學之對日研究》、《知日家關係文獻目錄》；NHK 編輯的《世界之日本學》；東信堂書局出版的《知日家一〇〇九名人名辭典》；新堀通也著的《知日家之誕生》……亦均等於爲此項財源作了預卜。

日本官方民間對外國的日本研究，均有其直接與間接的協力合作。「國際交流基金」之外，尚成立有「國立國際日本文化研究中心」之組織，常舉辦邀請歐、美、亞各國日本問題專家來日本出席「世界中的日本研究會」，已在國際間起了交流橋樑作用。

三民叢刊書目

1. 邁向已開發國家　孫　震著
2. 經濟發展啟示錄　于宗先著
3. 中國文學講話　王更生著
4. 紅樓夢新解　潘重規著
5. 紅樓夢新辨　潘重規著
6. 自由與權威　周陽山著
7. 勇往直前　石永貴著
8. 細微的一炷香　劉紹銘著
9. 文與情　琦　君著
10. 在我們的時代　周志文著
11. 中央社的故事（上）　周培敬著
12. 中央社的故事（下）　周培敬著
13. 梭羅與中國　陳長房著
14. 時代邊緣之聲　龔鵬程著
15. 紅學六十年　潘重規著
16. 解咒與立法　勞思光著
17. 對不起，借過一下　水　晶著
18. 解體分裂的年代　楊　渡著
19. 德國在那裏？（政治、經濟）　郭恆鈺、許琳菲等著
20. 德國在那裏？（文化、統一）　郭恆鈺、許琳菲等著
21. 浮生九四　蘇雪林著
22. 海天集　莊信正著
23. 日本式心靈　李永熾著
24. 臺灣文學風貌　李瑞騰著
25. 干儛集　黃翰荻著
26. 作家與作品　謝冰瑩著
27. 冰瑩書信　謝冰瑩著
28. 冰瑩遊記　謝冰瑩著
29. 冰瑩憶往　謝冰瑩著
30. 冰瑩懷舊　謝冰瑩著
31. 與世界文壇對話　鄭樹森著
32. 捉狂下的興嘆　南方朔著

三民叢刊33

猶記風吹水上鱗

余英時 著

本書以紀念錢賓四先生的文字為主，賓四先生為一代通儒，畢生著作無不以重發中華文化之幽光為志。透過作者的描述，我們不僅能對賓四先生之志節與學術有深入的認識，並對民國以來學術史之發展有一概念。

三民叢刊34

形象與言語

李明明 著

藝術是以形象代替作者的言語，而在形象與言語之外，仍還有其他種種相關的問題。本書作者從藝術與時代、形式與風格、藝術與前衞、藝術與文化五個方面剖析西方現代藝術，使讀者能對藝術品本身及其相關論題有一完整的認識。

三民叢刊35

紅學論集

潘重規 著

本書為「紅學論集」的第四本。作者向來主張《紅樓夢》一書為發揚民族大義之書，數十年來與各方學者論辯，更堅定其主張。本書為作者歷年來關於紅學討論文字的總結之作，也是精華之所在。

三民叢刊36

憂鬱與狂熱

孫瑋芒 著

輕狂的年少，懷憂的中年，從鄉下的眷村到大都會的臺北，從愛情到知識，作者以詩意的筆調、鋪陳豐饒的意象，表現生命進程中的憂鬱與狂熱。以純藝術表現出發，而兼及反應社會脈動，不但樹立了獨特的個人風格，也為散文藝術開拓了新境界。

三民叢刊37

黃昏過客

沙究 著

「爲樸素心靈尋找一些普通相的句子」沙究在獲得時報短篇小說推薦獎時曾對他的寫作有如是的感言，他的作品就是最好的實踐。本書將帶領您從浮生眾相中探索人類心靈的面貌。

三民叢刊38

帶詩蹺課去

徐望雲 著

我們都或多或少的讀過現代詩，但對現代詩的了解卻很少，於是許多譁眾取寵的文字便假借現代詩的名義出現，讓「詩人」成爲一種笑話。本書以輕鬆的筆調、嚴肅的心情，引導讀者更接近、更了解現代詩。

三民叢刊39

走出銅像國

龔鵬程 著

「有筆有書有肝膽，亦狂亦俠亦溫文」，身處時代之中的讀書人，傾聽時代之聲，即使漠然獨立，又豈眞無關切奮激之情？看龔鵬程如何以慷慨纏綿之筆，爲當今的社會文化現象把脈，提出處斷的良方。

三民叢刊40

伴我半世紀的那把琴

鄧昌國 著

本書爲作者歷年來對工作及生活的感懷之作。作者以深厚的音樂素養和經歷，娓娓細訴生命中的點點滴滴。一把琴，陪伴走過半世紀的歲月滄桑，樂音寄託壯志，也撫平了激越胸懷。

三民叢刊41

深層思考與思考深層

劉必榮 著

本書收錄作者過去三年多在中國時報所發表的社論、專欄，以及國際現場採訪報導。不僅是世紀末的歷史見證，也代表了臺灣新一代知識分子，對國際局勢的某種思考與詮釋。

三民叢刊42

瞬間

周志文 著

在本書蒐集的短論中，作者以敏銳的觀察來分析這個急遽變化的世界，試圖找尋一些既存於人類心靈的永恒價值，這些價值並不因現象世界的崩解而全然消失，反而藉著不斷的試煉、考驗而更具體地存在。

三民叢刊43

兩岸迷宮遊戲

楊渡 著

本書收錄作者對兩岸關係一系列的分析報導。作者以新聞記者敏銳的觀察力，探索臺灣命運與前途，並試圖帶領大家由「統獨」「兩岸關係」的迷宮中走出來。

三民叢刊44

德國問題與歐洲秩序

彭滂沱 著

近一世紀來，德國的興衰分合不僅影響了歐洲的政治秩序，也牽動了整個世局。本書以「德國問題」的本質為經，以歐洲秩序的變化為緯，探索一八七一年至一九九一年間德國與歐洲安全體系的關係。

三民叢刊45

文學關懷

李瑞騰　著

本書作者長期關懷文學的存在現象與發展趨向，十年來除學術性論述以外，更不時以短文形式直指文學現實。其所爲文，或論本質、或析現象、或記實踐，上下古今，縱橫馳騁。作者筆意凝練，文風篤實，本書六十幾篇短文皆有可觀者。

三民叢刊46

未能忘情

劉紹銘　著

充實的人生，不必帶有什麼英雄色彩或建立什麼豐功偉績。如果我們遇到難以忘情的機緣時，能夠認識其滋潤生命的價值，人生就不會白活。本書作者即以此爲觀點，記錄人生種種未能忘情的機緣巧遇，文字流暢而富感情，讀來著實令人著迷。

三民叢刊47

發展路上艱難多

孫震　著

本書回顧了過去五、六年間臺灣經歷的經濟、政治、社會等種種變局。作者衷心期望臺灣在經濟發展、社會富有之後，能建立一個富而好禮的社會，而不是熱中私利、踐踏他人尊嚴的貪婪社會。

三民叢刊48

胡適叢論

周質平　著

本書是作者最近三年來有關胡適研究的論文集。文中以胡適爲中心，對五四以來科學與民主思潮的內涵進行分析；對整理國故、民主與獨裁等論爭加以探討；並將胡適與馮友蘭、趙元任、魯迅做比較研究。期能爲研究胡適的學者提供一些方便。

三民叢刊49

水與水神

王孝廉 著

從泰國北部的森林到雲貴高原的村落……從漢民族到少數民族，從神話傳說到民俗信仰……行萬里路固然是爲了好玩和興趣，也爲了保存民族文化的精髓。本書爲作者近年來關於中國民族和人文的文字總集，深情與關懷俱在其中，值得細細品嘗。

三民叢刊50

由英雄的人到人的泯滅

金恒杰 著

本世紀初法國作家筆下的人物還散發著英雄的氣味；存在主義興起，代之而起的是有一張惶惶然不可終日的面目的人；在近期新小說作家筆下，人的世界甚或被化約成物的世界。本書卽透過對各時期作家及其作品的評介，揭示人類心靈不斷探索的過程。

三民叢刊51

重商主義的窘境

賴建誠 著

本書收錄作者近幾年發表的非學術性文章，內容環繞著四個主題：評論當時臺灣經濟與學術界的問題；五篇分析式的書評；對兩位臺灣學術界人物的追憶，以及解說法國年鑑歷史學派兩位創始人的特殊關係；介紹法國學術界與文藝界的一些人與事。

三民叢刊52

中國文化與現代變遷

余英時 著

自十九世紀以來，中國遭受了千古未有之變局，在西潮的衝擊下，中國傳統文化有了那些變化？知識分子又如何肆應此一變局？作爲一個思想史學者，作者對這些問題展現了深刻的觀察和思索，彙集成爲本書。

三民叢刊53

橡溪雜拾

思果 著

本書爲作者近年來旅美讀書心得、生活觀感。作者人生經歷豐富，觀察入微，涉筆成趣，說理深入淺出。觀世的文章，卻沒有說教的味道，詼諧之文寫來沒有做作的痕跡。有美麗如詩的短文，也有談論科學知識的篇章。適合各階層讀者加以細讀品味。

三民叢刊54

統一後的德國

郭恒鈺 著

兩德統一不是西德用馬克吃掉東德，也不是聯邦德國版圖的擴大，而是兩個政經體制完全不同的國家及人民的重新整合。本書從這個角度出發，介紹統一後的德國在經濟、政治、法制、教育以及意識型態等多方面所遭遇到的諸多問題。

三民叢刊55

愛盧談文學

黃永武 著

本書以中國文學詩歌爲主體，爲維護中國文字的正體字而大聲疾呼；爲光揚中國古典詩在現今美學中的價值而細心闡發；對於敦煌新發現的寫卷資料，也用淺顯筆法作應用的示範；對西洋星座起源的追索以及對「圖象批評」的分析，均極具啟發作用。

三民叢刊56

南十字星座

呂大明 著

人生是一段奔馳的旅程，生命的列車載著你、我向四野茫茫的時空飛奔……當你在生旅中奔馳，請爲這本小書逗留片刻，書中有人間至情、生活的哲思、美的闡釋、文學盤古的足音，有清純如童謠般的吟唱，也有鐫心的異鄉情懷……。

三民叢刊57
重疊的足跡
韓　秀　著

因爲一份眞摯的愛，對文學，對那塊廣袤的土地，對那些親如手足的人；所以有了理解，有了同情，有了尊敬；那怕是擦身而過，也會留下痕跡，留下感觸。本書作者以親身經驗寫她和十多位作家的交往，爲當代中國文學史添加幾頁註腳。

三民叢刊58
書鄉長短調
黃碧端　著

本書內容包括文學隨筆、新書短評、域外書介三部分。作者藉由理性的角度、感性的筆調，評論了近幾年來出版的一些小說，兼論及文學界的一些人與事，並對中文西譯的困難展現出相當程度的關懷。

三民叢刊59
愛情・仇恨・政治
朱立民　著

本書論及四部莎士比亞悲劇裡的各類問題：如朱麗葉的父親對悲劇發生的責任、奧賽羅黑皮膚的反諷、漢姆雷特內心的衝突、勞倫斯奧立弗如何改編莎劇及柴弗瑞里如何處理漢姆雷特的戀母情結等等。

三民叢書60
蝴蝶球傳奇
顏匯增　著

本書所力圖企及的絕非所謂的「魔幻寫實主義」，而是企圖尋找一個眞正屬於「紙上文字世界」的經驗。作者認爲唯有從紙上經驗「本身」獲得眞實的感受，才能在諸般迥異於文字世界的世界中，洞見出眞正活生生的東西⋯⋯

三民叢書61

文化啓示錄

南方朔 著

目前的臺灣正在走向加速的變革中，相應的是一切變革之後的「文化」改變卻明顯的落後太多。「文化」與現實的落差是作者近年鍥而不捨於「文化」問題的原因，本書則是提供讀者一個思考的空間。

三民叢刊62

日本這個國家

章 陸 著

本書從東、西方及過去、現在、未來等衝擊與演變，綜看日本的萬象。作者以旅日多年的見聞，根據今昔史實，敍述日本的風土習俗、文化源流、天皇制度、政壇人物、社會現象等等，並比較其互爲因果，以期能向國人提供認識日本的一些參考資料。

三民叢刊63

在沉寂與鼎沸之間

黃碧端 著

本書是作者對當今時事的分析評論集，篇篇都有獨到的見解，觀察入微、議論平實。除了能啟發讀者另一層思考外，亦展現出高度的感性關懷。在紛擾鼎沸的世局中，是一股永不沉寂的清流，值得關心國事的人，同來思考與反省。

國立中央圖書館出版品預行編目資料

日本這個國家／章陸著--.初版.--臺北市：三民，民82
面；　公分.--（三民叢刊;62）
ISBN 957-14-2021-2（平裝）

1.日本－歷史　2.日本－文化

731　　82005646

 日本這個國家

著　者　章　陸
發行人　劉振强
著作財產權人　三
印刷所　三
地
郵撥
初　版　中華
編　號　S 73
基本定價　肆
行政院新聞局登記

ISBN 957-14-2021-2（平裝）